U0909620

图书在版编目(CIP)数据

项目管理与实践/吴新波,Brian Xue 著. —北京:经济管理出版社,2009.8

ISBN 978-7-5096-0739-8

Ⅰ.项… Ⅱ.①吴…②B… Ⅲ.项目管理—研究 Ⅳ.F224.5

中国版本图书馆 CIP 数据核字(2009)第 145209 号

出版发行:经济管理出版社
北京市海淀区北蜂窝 8 号中雅大厦 11 层
电话:(010)51915602 邮编:100038

印刷:北京银祥印刷厂 经销:新华书店

组稿编辑:胡翠平 责任编辑:曹 靖
技术编辑:黄 铄 责任校对:陈 颖

720mm×1000mm/16 14.5 印张 236 千字
2009 年 9 月第 1 版 2009 年 9 月第 1 次印刷

定价:39.80 元

书号:ISBN 978-7-5096-0739-8

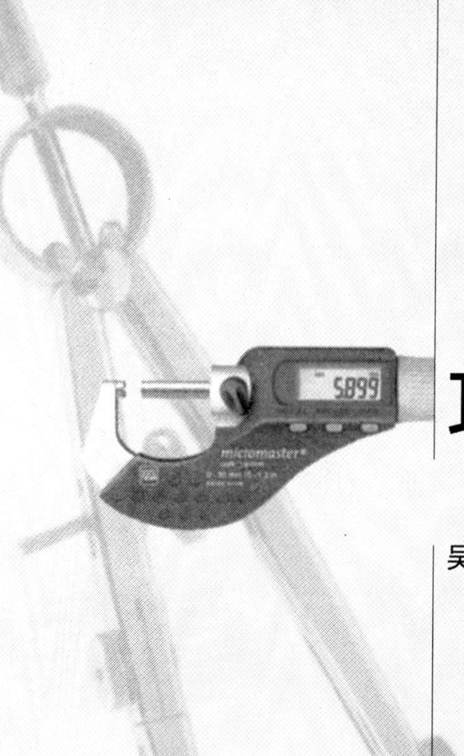

项目管理与实

吴新波 Brian Xue ◎ 著

PROGRAM MANAGEMENT AND IMPLEMENTATION

经济管理出版社
ECONOMY & MANAGEMENT PUBLISHING HOUSE

序

人类社会的每一次发展和进步，都伴随着技术的发明和推广以及系列项目的完成。从古埃及尼罗河的灌溉、都江堰的分流工程，到现代各项大型建筑、航天、高速公路和信息高速公路等，都是由一系列的项目所构建，它们推动和改善了人类的生活条件和环境。现代组织为了赢得竞争优势，其基础常常是特定项目的完成。为了达到预定的项目目标，现代项目管理应运而生，而且获得了快速的发展和推广。项目管理能直接影响企业的创新和盈利能力，正如 D. Cleland 所言，“在应对全球化的市场变化中，战略管理和项目管理将起到关键作用”。现在，项目管理除了作为针对具有一次性特征活动的有效管理手段以外，越来越多的公司已经把项目管理作为公司生存的必要手段。

在快速发展和激烈竞争的汽车零部件市场中，企业管理需要不断创新，在企业管理创新过程中，项目是最佳的组织方式。东风伟世通汽车饰件系统有限公司（以下简称东风伟世通）从 2003 年成立以来，从零起步，走过了充满挑战和激烈竞争的艰苦创业的五年多的历程，到 2008 年年产值超过 5 亿元人民币，创造了令人瞩目的业绩，这是汽车零部件行业发展史中一个成功的典范。2008 年 1 月东风汽车公司总经理、党委书记徐平在视察东风伟世通时指出：“东风伟世通合资以来实现了强势增长，并呈现出良好的发展态势，无论是在生产、质量、开发还是商务上都有良好的表现。东风伟世通在合资模式上走出了一条新路。”

是什么造就了东风伟世通骄人的佳绩？看完吴新波和 Brian Xue 先生所著《项目管理与实践》一书就会明白：这一切与公司一直以来崇尚的企

业内部实行项目管理的理念密不可分，在企业内部实施项目管理方法是该企业获得成功的关键。

本书的作者吴新波先生系中国人民大学MBA毕业、美国百林顿大学工商管理硕士。吴新波先生从1975年以来一直在东风汽车公司旗下的专业厂和合资公司工作（曾任科特迪瓦共和国华科汽车有限公司总经理），并被武汉科技大学聘为兼职教授，有着丰富的经营和管理工作经验。

本书的作者Brian Xue先生先后获得美国密歇根大学安娜堡分校电子工程系统硕士学位和生物工程、生物电子学博士学位，先后在美国福特汽车公司和美国伟世通公司等著名的跨国公司工作，有着丰富的经营和管理工作经验。

从2003年9月东风伟世通公司成立以来，本书的两位作者在分别担任公司中方总经理和美方总经理期间，特别注重项目管理在企业内部管理过程中的应用，把项目分解成企业项目、部门项目和小组项目。在企业内部全面推行项目化管理，启动了一个旨在改善其项目管理能力的计划，致力于把项目管理理论应用于制造企业，并拓展到整个生产和经营管理之中。几年来，在吴新波和Brian Xue两位总经理的领导下，公司先后成功地开发并完成了T53、JA和UH等一大批项目。这些项目的成功，为作者总结和提炼有价值的项目开发和管理方法提供了生动的素材。

近年来项目管理方面的书有很多，多在以项目管理强调从质量、成本和时间三个方面进行计划和实施组织控制，以实现目标。这里更多强调的是在已经明确的项目目标条件下如何更有效地完成其目标，但在具体的企业管理实践中，企业的经营，包括市场、产品定位等经营问题是其中需要解决的重要问题。如何利用项目管理理论解决企业生产经营问题，作者在这一部分做了新的尝试，让项目管理的方法、技术与工具在该企业的经营管理实践中得到了积极的应用。其鲜明的特色主要表现在以下几个方面：

1. 利润要素的突出

将利润要素作为项目管理的主要关注要素之一，因此本书在项目管理上所设定的质量、进度、成本和利润要素成为主要内容。这一设定，自然将产品从策划，到定点、投产，直到停止生产作为一个完整项目来完成并进行管理已经显得非常必要。这种安排符合经营的需要，就像书中所提出的，“项目的最终目标就是为了使企业获得利润。为了实现利润，要求项目管理者必须细化控制资金管理的各个环节”，本书就此也展开了细化工作的描述。

2. 赢利模式的有效

书中“可接受的业务结构，描述了公司新项目业务争取及开发过程中的赢利模式”。这个思想的展开，很好地体现了在其论述项目的前期商务工作中，其观点区别于绝大多数项目管理书籍中的项目前期商务教科书似的描述。

3. 经营理念的创新

本书提出了在激烈的竞争环境下基于“洋人的技术、老乡的价格”的经营理念迎接挑战，并争取到新项目。而关于客户、公司和项目组的“三个满意”的项目管理目标的描述，以及项目管理“三个原则和四个意识”，更是作者对项目及经营管理的深刻理解和诠释。正是这样的理念和构造，为其所管理的公司获得利润奠定了基础，保证了公司每年的经济效益的增长，即使在金融风暴引起汽车行业不景气的时期，公司也能够获得又快又好的发展。

4. 项目管理工具的完整

本书展示了许多项目管理的工具。公司项目管理中所使用的管理流程和项目管理图表也完整地体现在本书中。这些列出的详尽的图、表能够为读者提供有效的参考，甚至有些可以直接应用。

这是一本极富启迪性的经营管理思想和项目管理书，是作者长期从事制造业经营与管理，对其不断思考和实践经验的精炼总结，是一部实用性非常强的工具书。因为它的实用性，对项目管理操作人员来说，这是一本非常有价值的指导书。

2009 年 6 月 18 日

目 录

上篇 项目管理

第一章 项目管理概述 …… 3

一、项目及特性 …… 4
二、项目的四要素 …… 7
三、项目周期 …… 10

第二章 项目开发程序保障 …… 14

一、PDS …… 14
二、APQP …… 19
三、乌龟图 …… 27
四、项目管理过程 …… 35
五、项目管理的工作方法 …… 35
六、项目审核 …… 39

第三章 项目进度控制 …… 41

一、活动相关性策划 …… 41

二、周期估算 …… 43
三、时间进度确定 …… 45
四、时间进度控制 …… 52

第四章　项目管理的“三个原则和四个意识” …… 56

一、三个原则 …… 56
二、四个意识 …… 57

第五章　项目管理的组织保障 …… 60

一、项目组织的特点 …… 61
二、项目组织机构 …… 62
三、项目经理 …… 66
四、项目团队 …… 73
五、项目管理部 …… 77

第六章　项目管理过程与方法 …… 80

一、项目评审程序 …… 80
二、报价程序 …… 82
三、客户需求管理程序 …… 82
四、项目更改控制程序 …… 83
五、供应商开发和供货保障管理程序 …… 92
六、财务分析程序 …… 95
七、工程开发控制程序 …… 96
八、生产启动控制程序 …… 98
九、物料清单管理程序 …… 99
十、经验教训总结程序 …… 99

第七章 项目财务管理 …………………………………………………… 101

一、项目财务简介……………………………………………………………… 101
二、相关的财务概念…………………………………………………………… 104
三、项目报价财务分析………………………………………………………… 107
四、项目财务跟踪与控制……………………………………………………… 115

第八章 项目采购管理 …………………………………………………… 122

一、项目采购概述……………………………………………………………… 122
二、项目采购管理的原则……………………………………………………… 127
三、项目采购过程……………………………………………………………… 164
四、项目采购方式的选择……………………………………………………… 165
五、案例——CW 公司的采购管理 ………………………………………… 168

第九章 项目经理工具箱 ………………………………………………… 178

一、项目时间进度表…………………………………………………………… 179
二、问题清单…………………………………………………………………… 179
三、项目管理人力资源需求表………………………………………………… 180
四、项目总结汇报表…………………………………………………………… 182
五、项目盈利跟踪表…………………………………………………………… 184
六、客户产品更改批准单……………………………………………………… 186
七、项目 APQP 状态表 ……………………………………………………… 187
八、物料清单…………………………………………………………………… 191
九、关控评审表………………………………………………………………… 192

下篇　项目管理实践

第十章　项目前期商务 …… 197

一、项目前期商务的重要性 …… 198
二、组织与实施 …… 198
三、面临挑战 …… 199
四、获取项目的指导思想与策略 …… 200

第十一章　控制好采购成本 …… 205

一、采购的指导思想 …… 205
二、项目采购的组织 …… 205
三、项目采购的原则 …… 206
四、项目成本控制的两个5% …… 208
五、项目采购的方式 …… 209
六、项目采购的目标价格确定 …… 210

第十二章　做好项目的体验 …… 212

一、做好项目的目的 …… 212
二、做好项目的要求 …… 213
三、项目管理应注意的问题 …… 215

参考文献 …… 218

后记 …… 220

上篇

项目管理

——方式、组织与过程

不要被传统的思维所束缚

接受新事物

——多看看多做做就习惯了

第一章　项目管理概述

项目管理是人类最古老和最受尊敬的成就之一。当我们站在伟大的金字塔、巍巍的古城、雄伟的天主教堂和清真寺、凝结了无数智慧和劳动的万里长城以及世界上其他那些令人惊叹的奇迹面前时，我们感到深深的敬畏。

——Peter Morris①

历史上，中国不但有万里长城这样让世界为之惊叹的浩大军事防御工程项目，还有像都江堰这样两千多年造福一方的水利工程项目，它们体现了中华民族早期项目管理的智慧。

今天，举世瞩目的三峡工程，震撼世界的北京奥运会，它们以伟大的项目和成功的项目管理也被载入史册。

项目和项目管理在全球已是耳熟能详的词汇，越来越多的工作正以项目的形式进行。《国际项目管理月刊》的主编 J. Rodney Turner 曾预言，"进入 21 世纪，基于项目的管理将迅速渗透到智能性的管理中"。

① Peter Morris and Jeffrey K. Pinto，*The Wiley Guide to Maneging Projects*，Wiley Publishing，2004.

一、项目及特性

（一）概念

“在当今社会一切都是项目，一切也将成为项目。”

——美国项目管理专业资质认证委员会主席 Paul Grace

什么是项目，为什么经济和企业界越来越多地引进项目的概念？原因是项目离我们经济生活太近太密切了。下述都是项目：

建造一座摩天大楼、一座现代化的工厂或一座大型水库；

举办各种类型的活动，如春节联欢晚会、学术论坛、博鳌论坛；

新产品的研发和新软件的开发；

进行一个组织的规划、规划实施一项活动；

奥运火炬的传递，甚至打击海盗的军舰护航。

所有上述项目都有共同特点，那就是在资金和时间的约束下，完成一次性任务，所以，项目就是一次性任务。但是，这种任务是有时间和资源约束的，漫无目的的休闲不是项目。从这个原则出发，我们就可以判断哪些活动是属于项目。

许多相关组织及学者都给项目下过定义。

美国项目管理协会（PMI）PMBOK（第三版）对项目的定义为：项目是为提供某项独特产品、服务或成果所做的一次性努力。

国际项目管理协会（IPMA）ICB3.0 中对项目的定义为：项目是受时间和成本约束的、用以实现一系列既定的可交付物（达到项目目标的范围）、同时满足质量标准和需求的一次性活动。

国际知名项目管理专家、《国际项目管理月刊》主编 J. Rodney Turner 认为：项目是一种一次性的努力，它以一种新方式将人力、财力和物资进行组织，完成有独特范围定义的工作，使工作结果符合特定的规格要求，同时满足时间和成本的约束条件。项目具有定量和定性的目标，实现项目目标就是能够实现有利的变化。

美国的著名项目专家 James Lewis 博士认为：项目是指一种一次性的复合任务，具有明确的开始时间、明确的结束时间、明确的规模和预算，通常还有一个临时性的项目组。

项目是一个组织为实现自己的既定目标，在一定的时间、人员和其他资源的约束条件下所开展的一种有一定独特性的、一次性的工作。这其中包括三层含义：

（1）项目是一项有待完成的任务，有特定的环境与要求。这一点明确了项目自身的动态概念，即项目是指一个过程，而不是指过程终结后所形成的结果。例如，人们把一个新图书馆的建设过程称为一个项目，而不把新图书馆本身称为一个项目。

（2）在一定的组织机构内，利用有限资源（人力、物力、财力等）在规定的时间内完成任务。任何项目的实施都会受到一定的条件约束，这些条件是来自多方面的，如环境、资源、理念等。这些约束条件成为项目管理者必须努力促其实现的项目管理的具体目标。在众多的约束条件中，质量（工作标准）、进度、费用是项目普遍存在的三个主要的约束条件。

（3）任务要满足一定性能、质量、数量、技术指标等要求。项目是否实现，能否交付用户，必须达到事先规定的目标要求。功能的实现、质量的可靠、数量的准确、技术指标的稳定，是任何可交付项目必须满足的要求，项目合同对于这些均具有严格的要求。

（二）项目的特征与属性

1. 项目的特征

项目是为提供某项独特产品、服务或成果所作的一次性努力，通过对项目概念的认识和理解，可归纳出项目作为一类特殊的活动所表现出来的区别于其他活动的特征：

（1）项目的临时性。临时性是指每一个项目都有确定的开始和结束时间，当项目的目的已经达到，或者已经清楚地看到项目目的不会或不能达到时，或者项目的必要性已不复存在并已终止时，该项目即达到了它的终点。临时性不一定意味着时间短，有些项目要进行一年、两年，或者几年。但是，项目在任何情况下都是有期限的。

（2）项目目标的明确性。任何有组织的活动都有其目的性。项目作为一类特别设立的活动，也有其明确的目标。从上面对项目概念的剖析可以看到，项目目标一般由成果性目标与约束性目标组成。其中，成果性目标是项目的来源，也是项目的最终目标；约束性目标通常又能称限制条件，是实现成果性目标的客观条件和人为约束的统称，是项目实施过程中必须遵循的条件，从而成为项目实施过程中管理的主要目标。项目的目标正是成果性目标与约束性目标二者的统一，没有明确的目标，行动就没有方向，也就不成其为一项任务，也就不会有项目的存在。

（3）项目的整体性。项目是为实现目标而开展的任务的集合，它不是一项项孤立的活动，而是一系列活动的有机组合，从而形成的一个完整的过程。强调项目的整体性，也就是强调项目的过程性和系统性。

2. 项目的属性

以上分析的是项目的外在特征，外在特征应该是其内在属性即项目本身所固有的特性的综合反映。结合项目的概念，项目的属性可归纳为以下六个方面：

（1）唯一性。又称独特性，这一属性是项目得以从人类有组织的活动中分化出来的根源所在，是项目一次性属性的基础。每个项目都有其特别的地方，没有两个项目会是完全一致相同的。建设项目通常比开发项目更程序化些，但不同程度的程序化是所有项目的特点。在有风险存在的情况下，项目就其本质而言，不能完全程序化，项目主管之所以被人们强调很重要，是因为他们有许多例外情况要处理。

（2）一次性。由于项目的独特性，项目作为一种任务，一旦任务完成，项目即告结束，不会有完全相同的任务重复出现，即项目不会重复，这就是项目的一次性。但项目的一次性属性是对项目整体而言的，并不排斥在项目中存在着重复性的工作。项目的一次性体现在如下四个方面：

项目——一次性的成本中心；

项目经理——一次性的授权管理者；

项目组——一次性的项目实施组织机构；

作业层——一次性的项目劳务构成。

(3) 多目标属性。项目的目标包括成果性目标和约束性目标。在项目过程中成果性目标是由一系列技术指标来定义的，同时受到多种条件的约束。约束性目标往往是多重的，因此项目具有多目标属性。项目的总目标是多维空间的一个点。

(4) 生存周期属性。项目是一次性的任务，因而它是有起点也有终点的。任何项目都会经历启动、计划、实施、结束这样一个过程，人们常把这一过程称为生存周期。项目的生存周期特性还表现在项目的全过程中，启动比较缓慢，计划实施阶段比较快速，而结束阶段又比较缓慢的规律。

(5) 相互依赖性。项目常与组织中同时进展的其他工作或项目相互作用，但项目总是与项目组织的标准及手头的工作相抵触的。组织中各部门（商务、财务、制造等）之间的相互作用是有规律的，而项目与各部门之间的冲突则是变化无常的。项目主管应清楚这些冲突并与所有相关部门保持良好的联系。

(6) 冲突属性。项目经理与其他经理相比，生活在一个更具有冲突特征的世界中，项目之间有为资源而与其他项目进行的竞争，有为人员而与其他职能部门进行的竞争。项目组的成员在解决项目问题时，几乎一直是处在资源和领导问题的冲突中。

由上述关于项目特性的分析可以看出，在我们的社会中可以发现有各种各样的项目，埃及的金字塔和中国的古长城可以说是最早的项目，而真正把项目作为一个系统来进行管理却是由曼哈顿原子计划开始的。

二、项目的四要素

项目的组成要素是指与项目本身活动有关的方方面面的总和，项目管理人员必须对项目的组成要素有正确的认识和足够的了解。一般来讲，项目由四个要素组成，即质量、进度、成本和利润。

（一）质量

项目质量在很大程度上既不同于产品质量，也不同于服务质量。因为项目兼具产品和服务两个方面的特性，同时还具有一次性、独特性与创新性等自己的特性，所以项目质量的定义和内涵也具有自己的独特性。项目质量的独特性主要表现在如下两个方面：

1. 项目质量的双重性

项目质量的双重性是指项目质量既具有产品质量的特性，又具有服务质量的特性。这是因为多数项目既会有许多产品成果也会有许多服务性成果。

2. 项目质量的过程特性

项目质量的过程特性是指一个项目的质量是由整个项目活动的全过程形成的，是受项目全过程的工作质量直接和综合影响的。由于项目具有一次性和独特性的特点，所以人们在项目的定义和决策阶段往往无法充分认识和界定自己明确和隐含的需求，所以项目的质量要求在许多情况下，一开始无法比较明确和完全地确定下来，它是在项目进行过程中通过不断修订和变更而最终形成的。

项目质量涉及的是项目质量管理，是保证满足目标要求所需要的过程，由三个部分组成：

（1）质量计划编制，包括确认与项目有关的质量标准以及实现方式。

（2）质量保证，包括对整体项目绩效进行预先评估以确保项目能够满足相关的质量标准，质量保证过程不仅要对项目的最终结果负责，而且还要对整个项目实施过程承担质量责任。

（3）质量控制，包括监控特定的项目结果，确定项目结果与质量标准是否相符，并确定消除造成不满意绩效影响因素的方法。这个过程常与质量管理所采用的工具和技术密切相关，例如帕累托图、质量控制图和抽样统计等。

项目经理可以通过质量计划确定项目的质量包括哪些方面及怎样衡量质量的高低，通过质量保证监测整个项目的质量以确保项目达到既定标准，并通过质量控制检验项目的实际可交付成果是否与计划中的标准一致。

（二）进度

富兰克林曾说过，要确实地掌握每一个问题的核心，将工作分阶段，并且适当地分配时间。这里的核心、阶段和分配的时间就是对时间进度的描述。项目的时间进度至少应包括每项工作的计划开始日期和期望的完成日期，项目时间进度可以以提要的形式或者详细描述的形式表示，相关项目进度可以表示为表格的形式，但是更常用的却是以各种直观形式的图形方式加以描述。主要的项目进度表示形式有：带日历的项目网络图、条形图（甘特图）、里程碑事件图、时间坐标网络图等。项目的进度问题非常普遍，这需要项目的进度管理或者时间管理——指定一个进度计划，加强进度控制，使之不偏离项目运行的轨道，顺利交接，省时完成。加强时间进度管理，协调项目施工进度，才能使项目按期、保质完成。在项目进度管理中，由若干个子过程构成，具体包括：

（1）定义项目活动，确定为完成项目所进行的诸项具体活动，这些活动是项目分解结构最底层的工作单元，一般会出现工作分解图 WBS（Work Breakdown Structure）中。

（2）活动排序，找出各项活动之间的依赖关系，并形成相应的文档。

（3）活动历时估算，估算各项活动所需要的时间。

（4）制定进度计划，研究和分析活动顺序、活动时间和资源要求，进而制定项目时间进度计划。

（5）进度计划控制，涉及控制和管理项目计划的变更。

（三）成本

项目的成本是指在为实现项目目标而开展的各种项目活动中消耗资源而形成的各种费用的总和。项目成本控制包括项目的成本分类，估算每类成本中每种资源的消耗，做出预算并通过各方的认可，并且在项目进行中对成本进行控制。无论是固定成本，如设备采购费用，还是可变成本，如团队成员的加班费，都包括在计划与估算中，并且受到监测与控制。项目成本管理主要包括：项目资源计划、项目成本预算、项目成本控制、项目成本预测等。

（四）利润

项目的最终目标就是为了获得利润。为了实现利润，要求项目管理者必须细化控制资金管理的各个环节。比如，对项目目标利润的分解，要切实做到准确、合理。目标利润过低，留给项目组的空间太大，容易为项目组隐瞒、转移、挤占、摊销利润埋下隐患，形成资金监管盲区，造成资金体外循环；相反，目标利润过高，实现无望，就会更加导致资金管理的粗放。再如对资金账户的精细管理，要开展经常性的清理整顿工作，私开账户的问题，并不是一次清查就可一劳永逸的。还有，流出的资金，按照报告和审批程序没有任何问题，但与实际结果是不是相符？企业应该有监控、检查、追究的细则，在造成损失之前，就能及时地捕捉到，而不是等到问题浮出水面了，才来搞“亡羊补牢”。

企业对项目组资金使用的决策、审批的监管，既要保证项目经理的决策权，又要强化内控，做到有计划、有预算、有考核、有监控；两级职能部门要认真加强监管，对每一笔资金的用途、去向、使用过程，进行定性、定量的分析，实施全过程的监控，防止项目经理拥有一个人说了算的绝对权力，避免有意和无意的低级错误循环往复。

项目管理工作四要素中，项目的质量、进度和成本是以项目利润为导向的。控制项目的质量和进度是为满足客户的要求，对企业来说，控制成本是手段，实现利润是主要目标。

三、项目周期

（一）业务周期

项目的业务寿命周期分为四个阶段：

（1）策划——识别需求；

（2）定点——提出项目的解决方案；

（3）投产——执行项目；

（4）停产——结束项目。

这四个阶段依靠项目商务开发管理、项目管理和生产管理连缀起来。在每个阶段，项目管理都要考虑四件事情：质量、进度、成本和利润。其中进度在三个阶段中的表示方式发生改变，商务开发管理阶段进度是承诺，项目管理阶段是实施，而在生产管理阶段它是交付（如图 1.1 所示）。

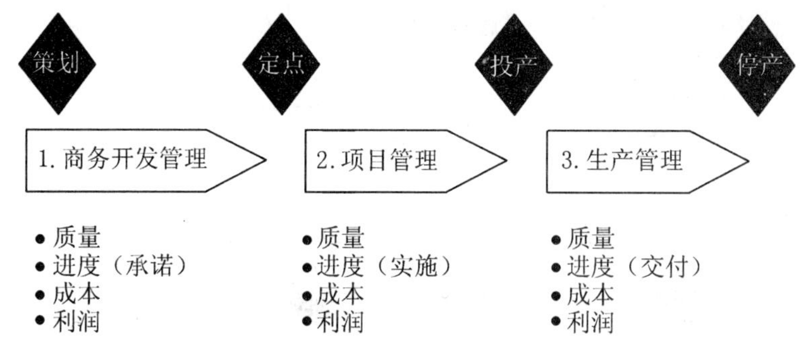

图 1.1 项目业务周期

（二）业务寿命周期的质量和利润

项目的四个阶段三项管理工作随着时间的推移，其质量和利润的反映是不同的。项目管理的水平不同，质量和利润的表现也不一样，图 1.2 反映的是传统的项目质量指数曲线（虚线）和 CW 公司的质量指数曲线（实线）的差异，该公司通过高水平的精细项目管理，保证了项目质量不降反升。而图 1.3 则反映的是传统的利润指数曲线（虚线）和 CW 公司的利润指数曲线（实线）的差别，CW 公司从项目定点起，利润就开始扭转下降的局面，并且一直上升，稳定到项目的生产管理阶段，这是 CW 公司项目管理对传统项目管理赢利方式的挑战。

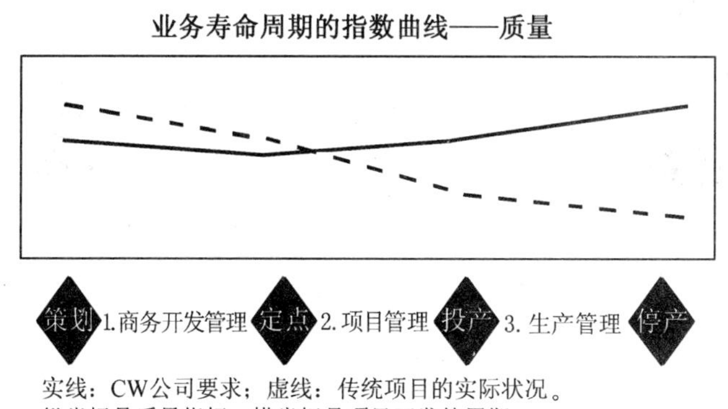

图 1.2 质量指数曲线

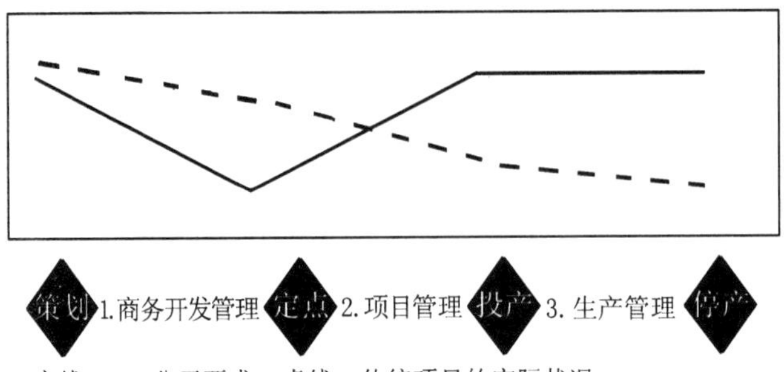

实线：CW公司要求；虚线：传统项目的实际状况。
纵坐标是利润指标，横坐标是项目开发的周期。

图 1.3　利润指数曲线

那么这样的企业如何能够提高利润呢？一个是降低成本，另一个是增加利润的来源，即开源节流。实践证明，精细的项目管理是能够做到降低成本的；而更改控制则是增加利润的另一个途径。图 1.4 和图 1.5 反映的是上述情况。

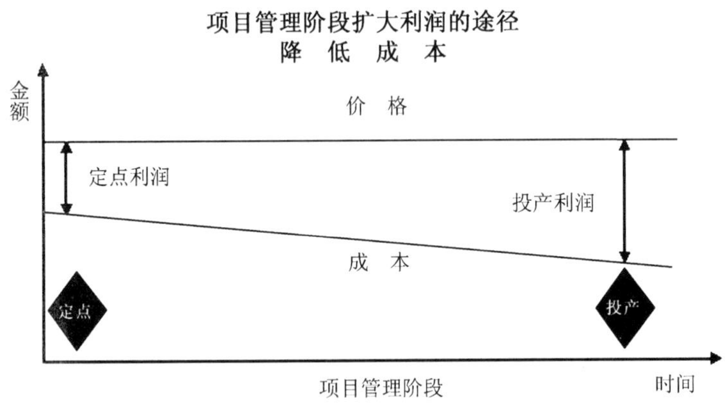

图 1.4　降低成本提高利润

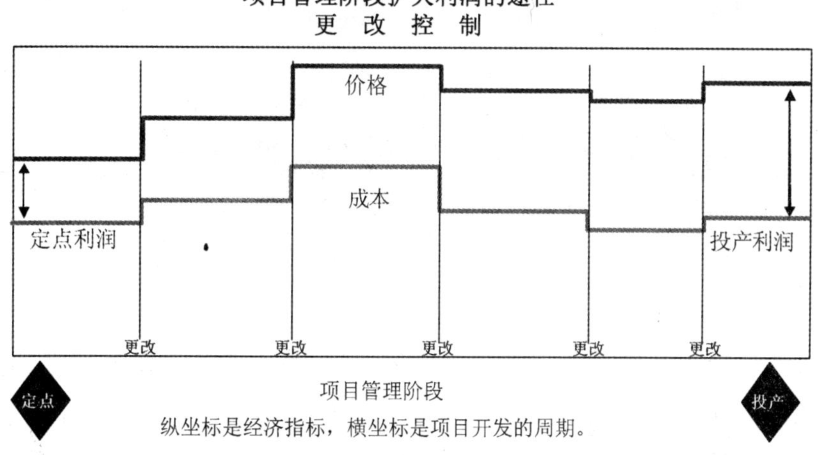

图 1.5 增加利润来源示意图

事实上，通过更改控制方式增加利润，已经不是新鲜事，美国和日本汽车业都曾经通过这种方式来获取更多的利润。图 1.6 反映的是美日两国汽车设计更改件数的比较，日本是在销售前更改，而美国持续到车型销售后 3 个月。

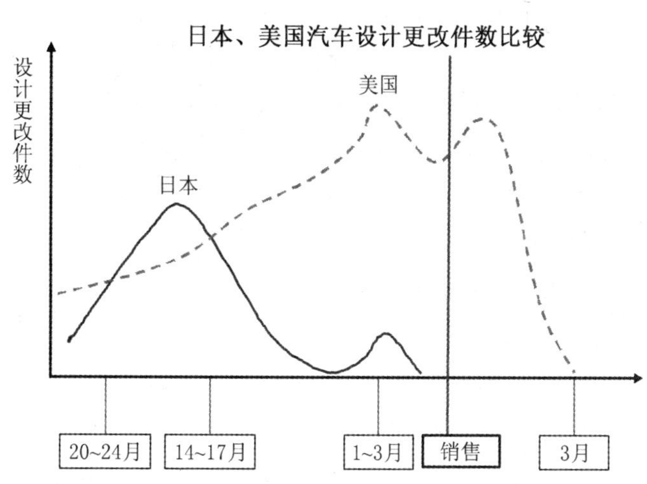

图 1.6 美日两国汽车设计更改比较

第二章　项目开发程序保障

程序提供了标准化的操作方法，使不同的人去操作能得到相同的结果。在项目开发之前，确定最优化的项目开发程序不仅能节省时间，也能预防风险，节约成本，是达成项目开发目标的保障。

一、PDS

PDS（项目开发体系，Program Development System），是一种程序化的方法，主要包括三个方面的内容：产品质量先期策划及控制计划（APQP）、公司质量管理体系要求、客户特殊要求，其核心是APQP，它是质量管理体系的一个组成部分。项目开发体系的目标：促进与所涉及的每一个人的联系，以确保所要求的步骤按时完成。项目开发体系有如下的益处：

（1）引导资源，使客户满意；

（2）促进对所需更改的早期识别；

（3）避免晚期更改；

（4）以最低的成本及时提供优质产品。

图2.1为CW公司项目开发体系与质量体系中的位置和相互关系图，该图较好地描述了PDS在质量体系中的地位，以及与其他系统的关系。

第一层次：公司的质量方针和目标，它与公司总体战略相适应，是公司发展和营运的方向。在此，目标是指公司的业务目标，通常分为长期业务目标（五年或十年滚动）和短期业务目标（年度业务目标）。业务目标中应包含新项目目标。

第二层次：公司质量手册，它确定了为达成质量方针将做什么，对如何以顾客要求为导向、执行体系进行说明和承诺，以及对各过程的相关程序文件的索引。

第三层次：公司系统性的程序，它确定何时、何地、何人和如何完成每个主要业务过程。按公司运营的结构，所有程序按四个系统进行描述：

PDS：项目（产品）开发系统；

MS：制造系统；

PS：规划和监控系统；

RS：资源管理系统。

第四层次：体系文件中的三级文件和四级工具表单，它详细地规定了如何做，并为体系运作的结果提供证据的格式。

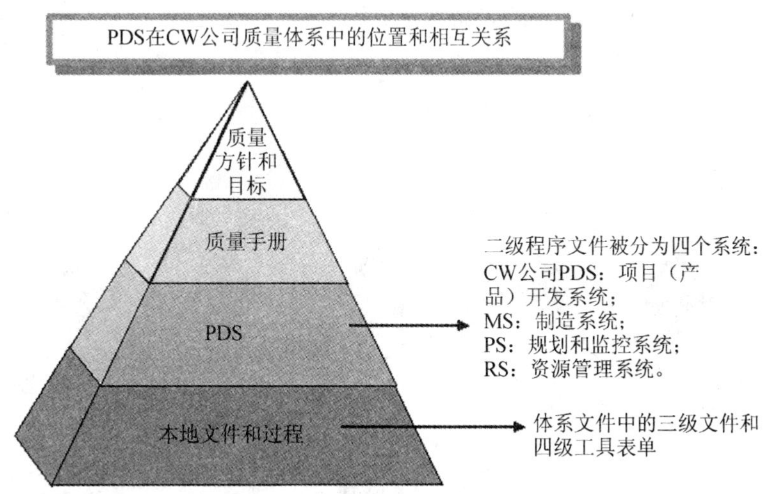

图 2.1　CW 公司项目开发体系与质量体系中的位置和相互关系图

一般来说，项目开发体系包括三个周期，在这三个周期里，完成相应的工作：

可行性分析周期：在该周期内，只获得客户需求的输入，要完成设计与制造可行性的分析，对顾客进行回复或承诺。在该周期内，通常要反复与客户进行沟通，以确保理解客户的要求。

设计周期：在该周期内，要完成产品的设计，并获得客户设计的书面认可。设计的输出包括 3D 数据、图纸、手工样件、客户开模指令等。

制造周期：在该周期内，项目组要完成生产启动的准备，如完成模具开发，设备采购到位，完成外购件及原材料的开发，人员培训到位，工艺调试就绪，完成平面布局等。按客户节点进行试生产，生产过程获得客户认可，进入SOP（批量生产）。

图 2.2 是 CW 公司某项目（产品）开发体系图，较详细地描述了各个周期的“规定动作”，每个“规定动作”都有相应的关控，由不同的决策层确认相关工作是否达到条件或准备充分。比如，董事会负责项目、资金和资源批准，要评估在拨款申请被批准前评审项目目标是否确定并合适，客户定点通知是否收到，项目计划是否完成，等等。

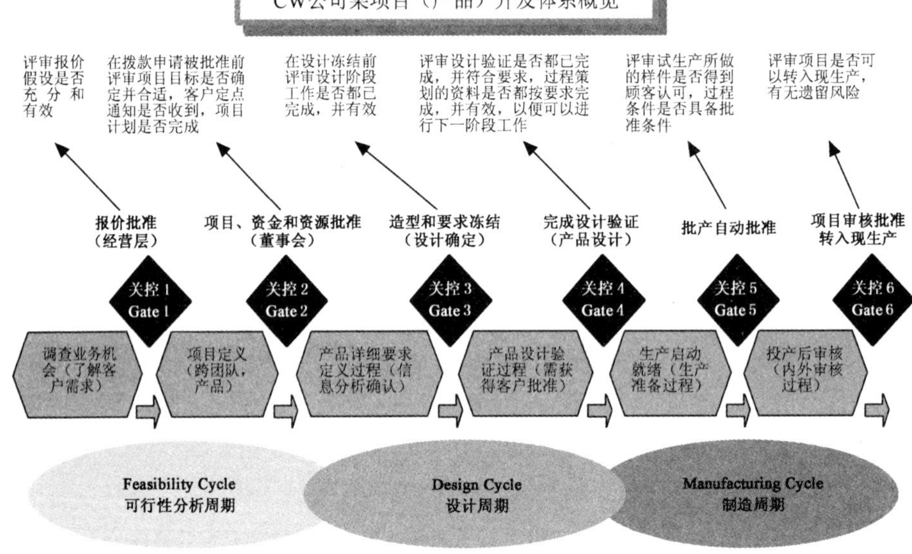

图 2.2 CW 公司某项目开发体系图

因 PDS 是 APQP 与客户特殊要求的结合，通常需将客户的开发要求与公司 PDS 对应在一起，这样，更容易将双方开发视为一个整体，有利于协调双方的工作和进度。图 2.3、图 2.4 反映的是 CW 公司 PDS 和 A 与 B 两个客户开发体系对应的示意图。

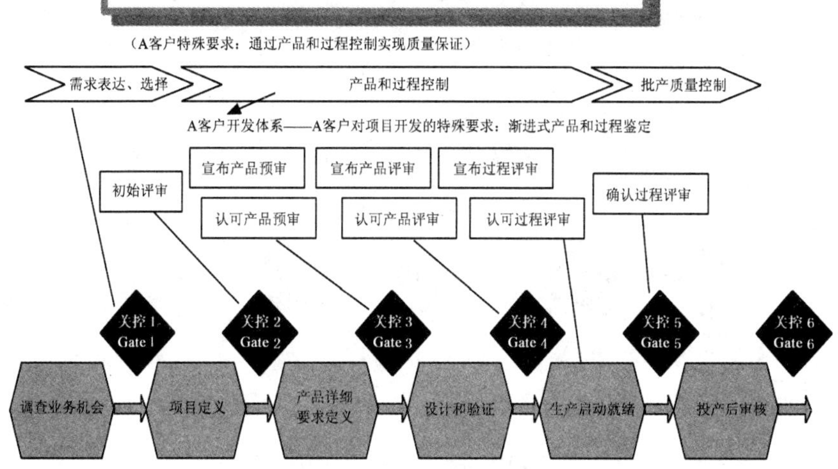

图 2.3　CW 公司 PDS 与 A 客户产品开发体系的对应关系图

从图 2.3 可以看出 A 客户的项目分成了三个主要阶段：

（1）需求表达、选择：准备 RFQ（报价需求），选择供应商进行报价，供应商定点。

（2）产品和过程控制：按产品线和过程线进行开发的控制，产品按客户的几个节点进行样件评价签级，过程则按每个签级的节点提交过程开发报告进行认可，适当时也到供应商处走访。

（3）批产质量控制：客户将新车型逐渐切换到批产的生产和质量控制状态。

CW 公司的 PDS 第一个阶段对应 A 客户开发体系的第一阶段。即客户在咨询供应商进行询价和定点，CW 公司作为供应商在进行报价假设，并输出报价给客户，直到客户定点。

CW 公司的 PDS 第二阶段至第五阶段对应 A 客户开发体系的第二阶段，这是一个产品与过程的开发阶段，在这个阶段 CW 公司与客户进行开发互动，确保按客户开发体系的要求满足其进度与质量要求。

CW 公司的 PDS 第六阶段的开始即 SOP（批量生产的开始）对应 A 客户开发体系的第三阶段，这时 CW 公司与 A 客户一起在进行爬产，同步做新项目向批产的移交和控制切换。

图 2.4 是 CW 公司 PDS 与 B 客户产品开发体系的对应关系图。

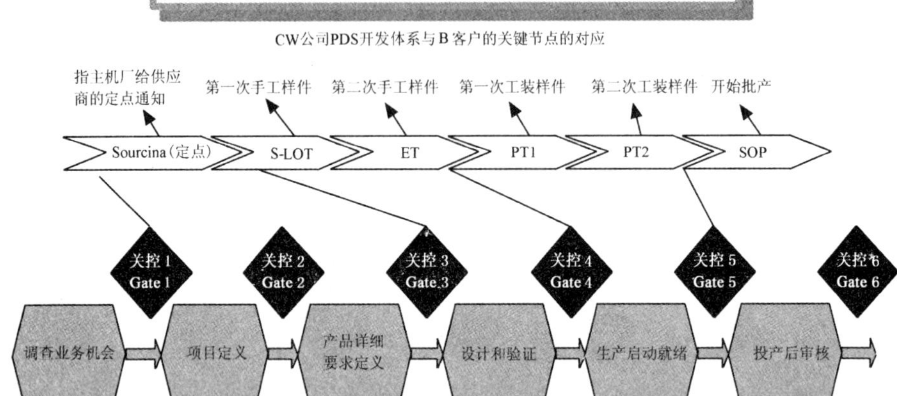

图 2.4 CW 公司 PDS 与 B 客户产品开发体系的对应关系图

从图 2.4 可以看出如下的对应关系。

B 客户的开发过程分成了六个阶段：

第一阶段：定点。这其中包括了客户准备并下发 RFQ（报价需求），供应商报价，供应商定点。与 CW 公司的第一阶段相对应。

第二阶段：S-LOT。这是提交样件的一个时间节点，从定点到该时间节点，客户与 CW 公司在进行产品的同步开发，可能是客户进行设计，下发 CW 公司做制造可行性分析，也可能是 CW 公司进行设计，发给客户进行认可。所以，它与 CW 公司的关控 3 进行对应，其输出都是 S-LOT 样件。S-LOT 样件是首次提交样件，它是设计输出的另一种表现形式，需到顾客指定地点装车。如该车型是与国外同步开发，第一次手工样件通常在国外进行试装验证。

第三阶段：ET。用正规模具提交样件（皮纹前样件），目的是验证模具尺寸是否符合设计要求。装车并确认是否可以做皮纹，此样件可以在模具制造商处生产。需提交合格品（如果不合格需事先得到顾客的认可）到顾客指定地点装车。它是第二次提交样件。用于国内车身的试装。此阶段需提交《皮纹前认可申请书》并需得到《皮纹指示书》。在提交样件的同时，还要按 B 客户开发特殊要求提交过程开发的相关报告或证据，以便客户评价是否满足要求，为 PT1 样件做好了准备。所以，它对应的是 CW 公司的关控 4：设计和验证阶段。

第四阶段：PT1。第一次工装样件。一般要求用正规的工装、人员、工艺、生产线进行生产，一方面，验证产品设计变更的实现是否满足装车要求，另一方面，通过产品装车结果验证生产过程是否满足客户要求。

第五阶段：PT2。第二次工装样件。应按批量生产的条件，进行连续试生产。这时，客户对过程的验证活动除了产品的装车，还包括过程审核。产品与过程的两部分结果即可用于生产件批准。CW 公司的关控 5：生产启动就绪对应该阶段节点。

第六阶段：SOP。开始进行批量生产。它与 CW 公司的阶段六相对应，即投产后审核。通常，项目在该阶段的时间约为 3 个月，在 3 个月内，所有从项目到现生产的管理应过渡和磨合到位。客户的项目在该阶段的周期取决于每个供应商是否能达到项目目标，所以，客户与 CW 公司项目移交的时间节点应是一致的。

二、APQP

APQP（Advanced Product Quality Plan）即产品先期质量策划，用来确定和制定确保某产品使客户满意所需步骤的一种结构化、系统化的方法。APQP 来源于 TS16949，是 TS16949 的五大工具之一。它是由美国福特、通用、戴姆勒—克莱斯勒等汽车主机厂共同编制的标准。

APQP 的目的是确定和制定确保产品使客户满意所需的步骤，促进与所涉及的每一个人的联系。以确保所要求的步骤能按时完成，并引导资源预防缺陷，降低成本，持续不断地改进，以最低的成本及时提供优质的产品，使客户满意。有效的产品质量策划依赖于公司高层管理者对努力达到使顾客满意这一宗旨的承诺。

做好 APQP 要涉及如下八个原则：

（1）确定组建小组。确定横向职能小组职责是 APQP 的基础工作之一，该小组成员不仅来源于质量部门，还要包括工程、制造、物料、采购、质量、销售、市场服务、分承包方和顾客方面的代表。

（2）确定范围。在产品项目的最早阶段，对产品质量策划小组而言，重要的是识别顾客需要、期望和要求。

(3) 强调小组间的沟通。产品质量策划小组应该建立其和其他顾客与供方小组的沟通渠道，这可以包括与其他小组举行定期会议。

(4) 重视培训。产品质量计划的成功依赖于有效的培训计划，传授所有满足顾客需要和期望的要求及开发技能。

(5) 顾客和供方的共同参与。主要顾客可以与其供方共同进行质量策划。

(6) 实施同步工程。它是横向职能小组为一共同目的而进行的努力的程序，将工程技术流程中部分活动改为并行，以尽早促进优质产品的引入。

(7) 制定控制计划。它是控制零件和过程系统的书面描述，涉及样件制造、试生产和生产等环节。

(8) 制定产品质量的进度计划。产品质量策划小组在完成组织活动后的第一项工作就是制定进度计划。在选择需求计划并绘制成图的进度要素时，应考虑产品的类型、复杂性和顾客的期望。所有的小组成员都应在每一事项、措施和进度上取得一致的意见。一个组织良好的进度图表应列出任务、安排或其他事项。同时，该图还对策划小组提供了跟踪进展和制定会议日程的统一格式。为了便于报告状况，每一事项应具备“起始”和“完成”日期，并记录进展的实际时间。图 2.5 为某公司产品质量策划图。

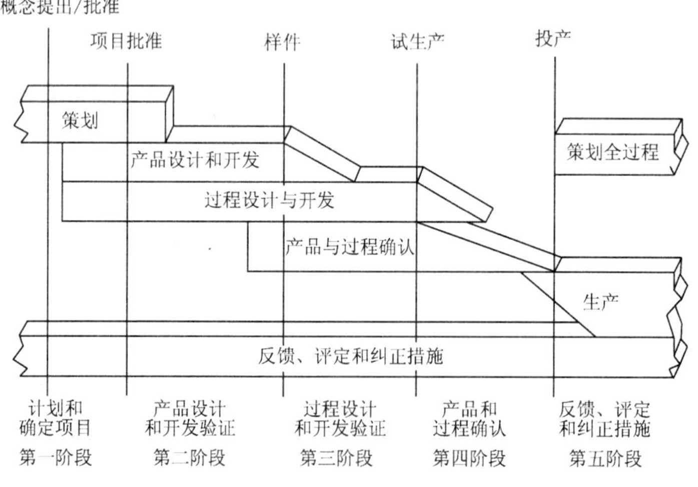

图 2.5　产品质量策划图

由图 2.5 可看出，APQP 按照项目产品概念提出/批准、样件、试生产到投产次序，将产品质量策划进度分为五个阶段，分别是：计划和确定项目；产品设计和开发；过程设计和开发；产品和过程确认；反馈、评定和纠正措施。下面对五个阶段用流程图和乌龟图分别描述。

APQP 第一阶段，计划和确定项目流程。

图 2.6 作为流程图描述了阶段一所需完成的活动，及活动之间的先后顺序。主要包括：

(1) 商务部接受客户报价要求，组织产品、工艺、模具、生产启动、质量等人员进行可行性分析，如可行，则由商务部组织报价、合同评审。

(2) 在获得客户定点通知后，公司即可着手组建项目组立项。

(3) 立项后，由项目经理负责组建项目组，按客户节点编制进度计划、质量目标、成本目标。

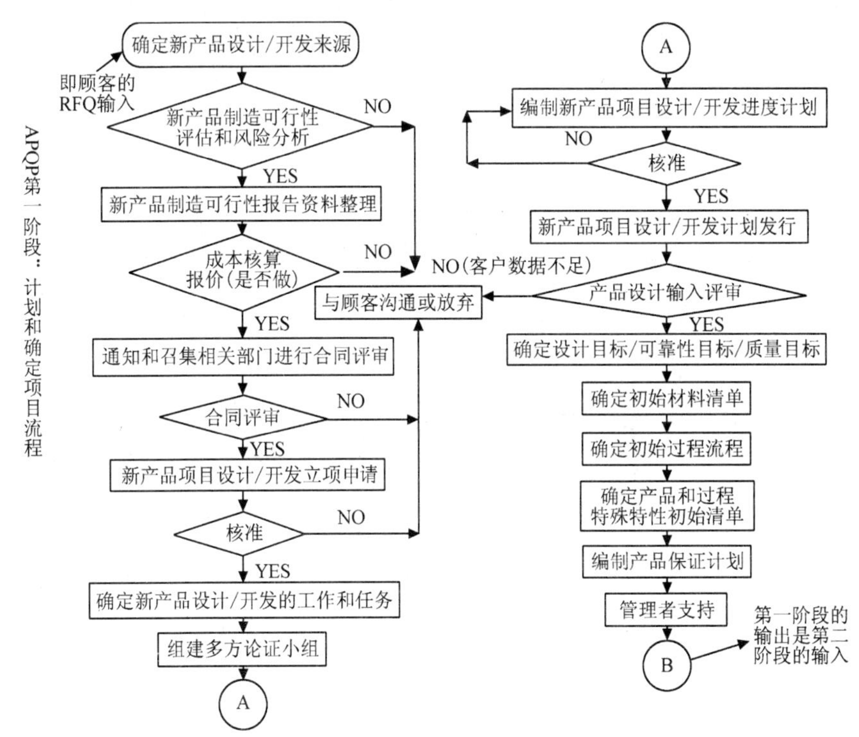

图 2.6 计划和确定项目流程图

(4) 安排小组相关成员着手进行初始开发，如确定初始材料清单、初始过程流程图、初始特殊特性清单及产品保证计划。

(5) 产品质量策划小组成功的关键之一是高层管理者对此工作的关注、承诺和支持，小组在每一产品质量策划阶段结束时应将新情况报告（报告的内容必须包括：质量风险、开发成本、准备时间/前置期、关键路径等）给管理者以保持其关注，并进一步促进他们的承诺和支持。产品质量策划小组的功能目标就是通过表明已满足所有的策划要求和/或关注问题已写入文件并列入解决的目标来保持管理者的支持。管理者参加产品质量策划会议对确保项目成功极其重要。按过程方法更详细的输入、输出描述见“图 2.14”。

APQP 第二阶段，产品设计和开发流程。

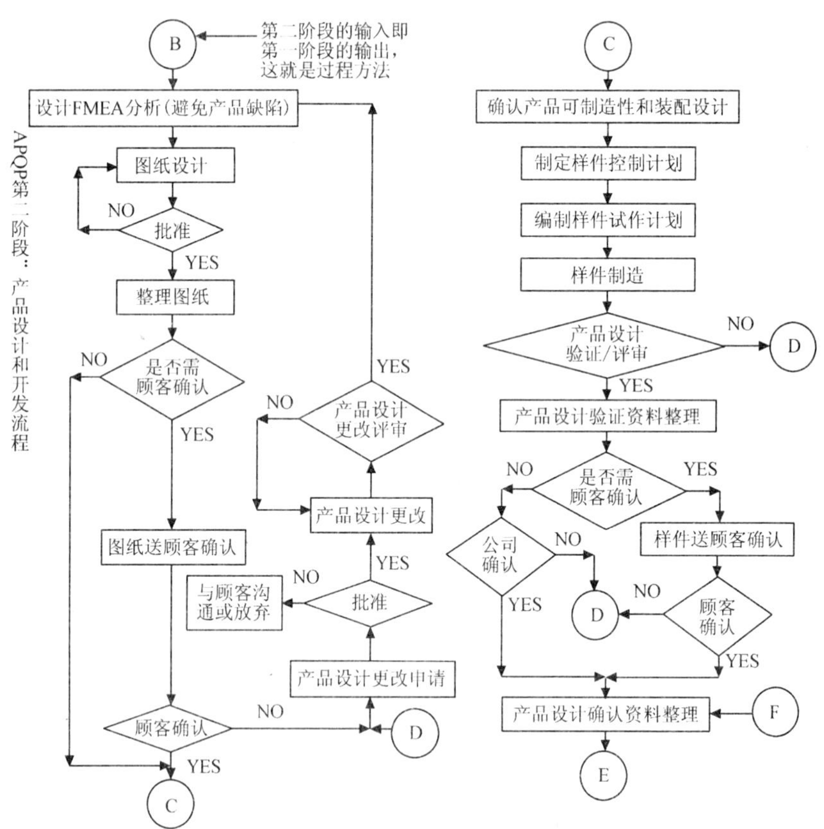

图 2.7 产品设计和开发流程图

APQP第二阶段：产品设计和开发流程

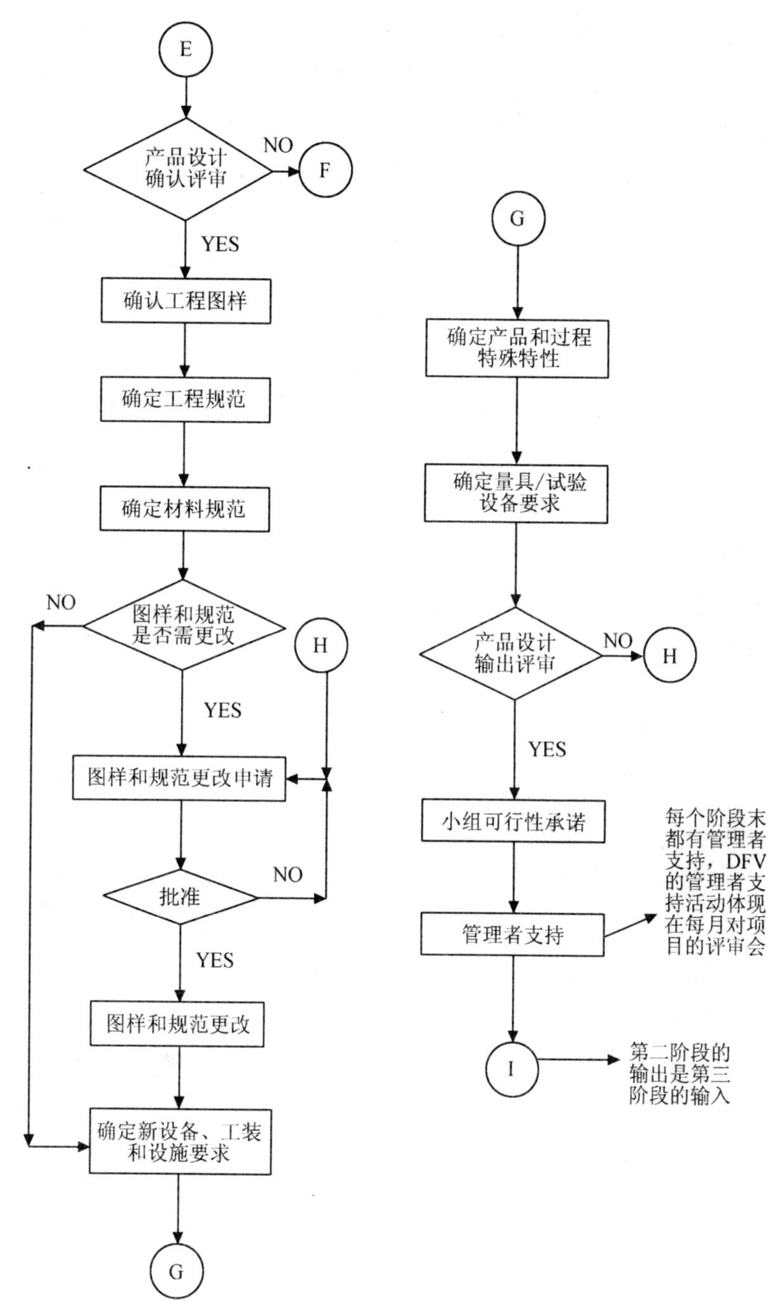

图 2.7　产品设计和开发流程图（续）

图 2.7 清晰地描述了在阶段二“产品设计和开发阶段”所需进行的活动，及这些活动之间的先后顺序。该阶段的输入是阶段一的输出：进度计划、质量/成本目标、项目初始物料清单、初始流程图等。

本阶段讨论的是策划过程中设计特征和特性发展到接近最终形式时的要素。即使是在设计由客户进行或部分由客户进行的情况下，产品质量策划小组也应考虑策划过程中的所有设计要素，包括从样件制造到验证产品和有关服务满足顾客呼声目标的所有环节。一个可行的设计应能满足产量、工期和工程要求的能力，并满足质量、可靠性、投资成本、单件成本和进度目标等。尽管可行性研究和控制计划主要是基于技术图样和规范要求，但从上图所述的分析工具中也能获取有价值的信息，以进一步确定产品特殊特性和过程特殊特性。

本阶段中，产品质量策划过程用来保证对工程要求和其他有关技术信息的全面和严格的评审。在这一过程阶段，要进行初始可行性分析，以评定在制造过程中可能发生的潜在问题。该阶段详细的输入和输出的内容见“图 2.15”。

APQP 第三阶段，过程设计和开发流程。

图 2.8 描述了过程设计和开发阶段的流程。本阶段工作的起点是阶段二输出的被评审和确认的产品设计数据、样件，其主要工作内容是讨论为获得优质产品开发一个制造系统和与其相关的控制计划的主要特点，在产品质量先期策划过程的这一阶段所要完成的任务依赖于成功地完成前两个阶段中的任务。

这一阶段的任务是为了保证开发一个有效的制造系统，这个制造系统应保证满足顾客的要求、需要和期望，具体体现在以下方面：产品包装标准、正式的过程流程图、车间平面布局图、产品/过程特性矩阵图、过程 FMEA（失效模式与后果分析）、试生产控制计划、作业指导书、测量系统分析计划、初始过程能力研究计划、包装规范，并对以上内容进行评审，为下一阶段的试生产做准备。该阶段详细的输入和输出的内容见“图 2.16”。

APQP 第四阶段，产品和过程确认流程。

图 2.9 描述了产品和过程确认阶段的流程。本阶段讨论通过试生产运行评价来对产品制造过程进行验证和确认。在试生产运行中，产品质量策划小组应验证和确认是否遵循控制计划和过程流程图，产品是否满足顾客的要求，还应注意正式生产运行之前有关关键问题的调查和解决。其任务包括：

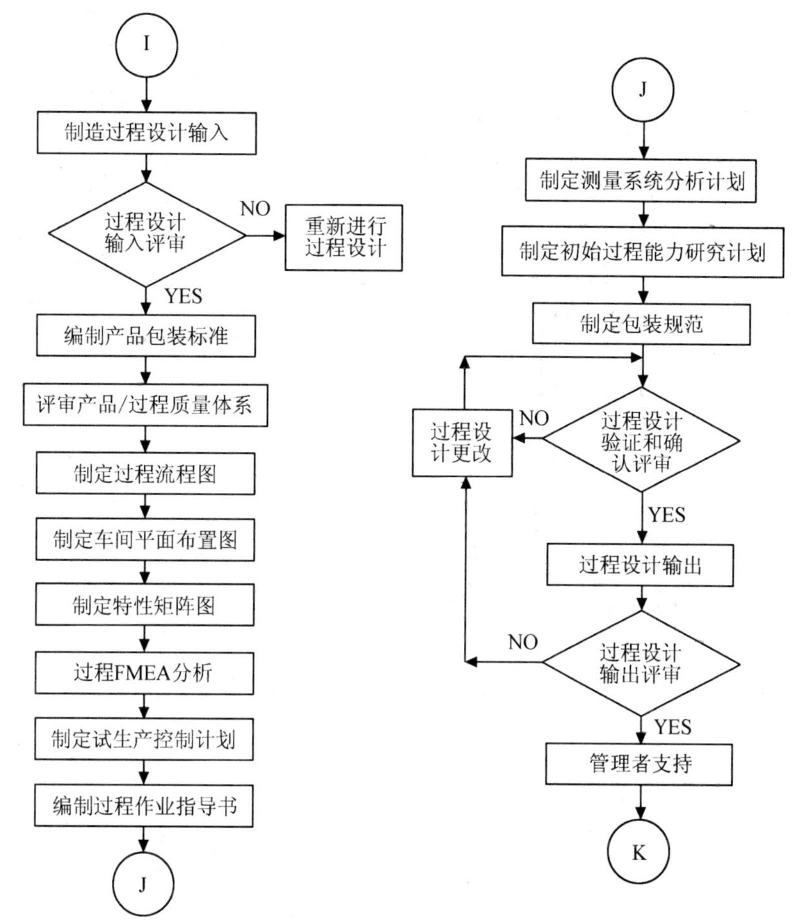

图 2.8　过程设计和开发流程图

编制试生产作业计划、试生产所需的策划文件从阶段三输入进来，依据阶段三的策划着手进行试生产作业，进行产品和过程验证，方法有：产品审核，初始过程能力研究，过程审核，客户对送样零件的认可，对正式包装的评审和确认。在产品和过程被客户确认的基础上，制定生产控制计划。该阶段详细的输入和输出的内容见“图 2.17”。

APQP 第五阶段，反馈、评定和纠正措施流程。

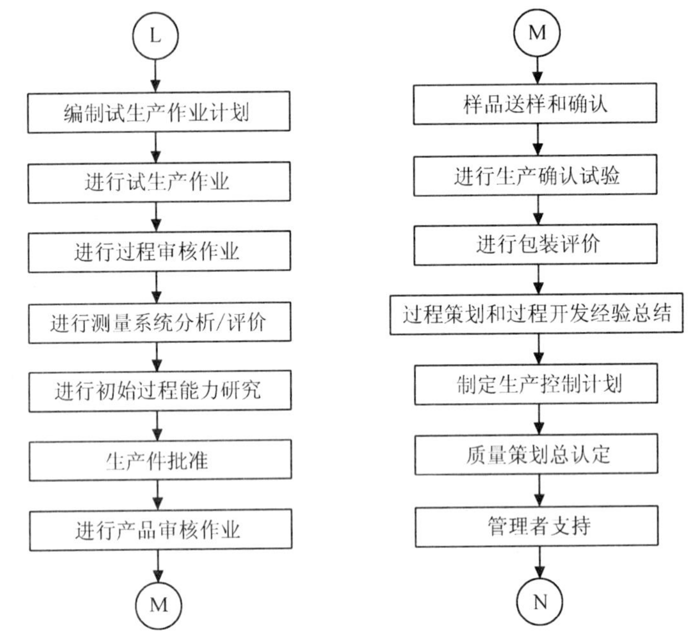

图 2.9　产品和过程确认流程图

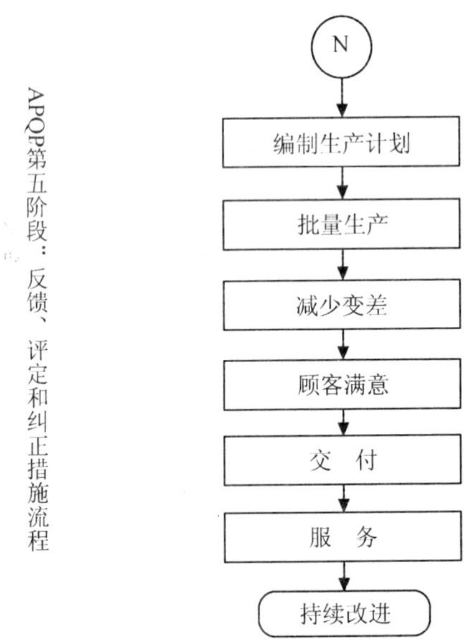

图 2.10　反馈、评定和纠正措施流程图

图 2.10 描述了批产阶段的活动与流程。产品质量策划不随过程确认和就绪而终止。在零件批量制造阶段，所有过程和产品的控制应严格按控制计划执行。过程中一般采用统计过程控制（SPC）的方法进行监控和评价过程的稳定性和能力，控制图上显示过程和产品变差时，可评价控制计划的适宜性，这也是评价产品质量策划工作的有效性的时候。在这一阶段，生产控制计划是评价产品和服务之基础。公司有义务使所有产品和过程特性满足顾客的要求，特殊特性应符合由顾客规定的指标。该阶段详细的输入和输出内容见“图 2.18”。

三、乌龟图

“过程”的定义：一组将输入转化为输出的相互关联或相互作用的活动。过程是向过程的顾客（内部的和外部的）提供产品或服务的增值活动链。在理解上注意下面三个方面：

（1）一个过程的输入通常是其他过程的输出。

（2）组织为了增值通常对过程进行策划并使其在受控条件下运行。

（3）过程的资源通常包括：人员、资金、设施、设备、材料、技术和方法。

“过程方法”的概念和定义：组织内诸多过程的系统的应用，连同这些过程的识别和相互作用及其管理，称之为“过程方法”。公司将活动和相关的资源作为过程进行管理，可以更高效地得到期望的结果。乌龟图是“过程方法”的一种工具，对一个过程的输入、输出、资源、职责、步骤、监控及绩效指标、作业方法进行分析。图 2.11 是乌龟图方法的介绍。

APQP 流程图从步骤上描述了不同阶段工作或者活动的逻辑关系，但缺乏具体的开展活动的说明；而乌龟图能够具体地说明活动的内容和要求，因此能够作为 APQP 流程图的补充。将 APQP 的流程图与乌龟图结合，可以取长补短，发扬二者的优点。

APQP 手册将产品开发分成了五个阶段，但通常一个项目的起始是从业务追踪与报价开始的。所以，可以在 APQP 手册的基础上做一个延伸，将业

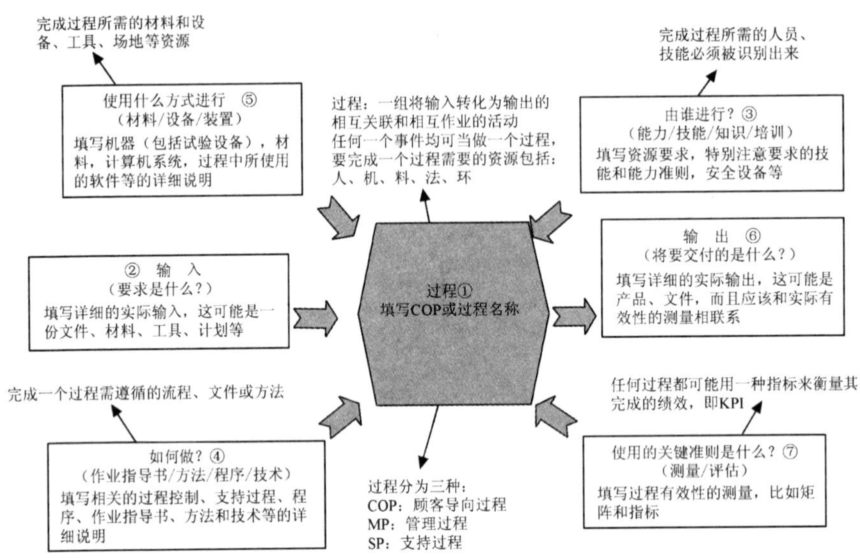

图 2.11　组织绩效分析的过程方法——“乌龟图”介绍

务追踪与报价作为第一阶段，穿插进来，这样 APQP 就成为六个阶段，以下系列图分别是不同阶段的乌龟图（实例）。

图 2.12 将项目开发过程作为一个大的总体过程来进行分析，详细地描述了项目起始时要获得的输入，通常包括：

（1）客户需求（质量需求、订单需求、交付要求、开发体系一致性需求、对产品的技术要求等，具体见左边第②项要求）；

（2）进行项目要使用什么资源（见左上角第⑤项要求）；

（3）谁来参与项目开发（见右上角第③项要求）；

（4）怎样做项目开发（见左下角第④项要求）；

（5）怎样测量项目开发进行的绩效（见右下角第⑦项要求）；

（6）项目结束时，应输出哪些内容或项目应交付的文件、产品（见右边第⑥项要求）。这些输出的文件用于指导现生产生产合格的稳定的产品，相当于对过程的定义。合格的产品也是项目开发的输出，这时一般封存一件标准样件，作为后期的比对用。

⑤　使用什么方式进行？（材料/设备/装置）

1. 计算机；2. 绘图数据分析软件；3. 计算机辅助设计（CAD）/计算机辅助工程（CAE）；4. 试验设备；5. 检测设备；6. 机器设备；7. 工装/模具/夹具/工具；8. 交通运输工具；9. 通信/网络/电话/传真；10. 多方论证方法；11. 会议讨论/评审等

③　由谁进行？（能力/技能/知识/培训）

1. 总经理；2. 管理者代表；3. 各部门主管；4. 多方论证小组；5. 体系内部审核员；6. 过程/产品审核员；7. 质量部；8. 实验差；9. 采购部；10. 销售部；11. 人力资源部；12. 仓库部门；13. 技术部；14. 生产部（包括：工装和设备管理人员）；15. 财务部；16. 顾客代表

②　输入（要求是什么？）

1. 市场分析及战略；2. 合同/订单；3. 图纸/技术资料/样件；4. 顾客要求（包括：顾客特殊要求、顾客指定的特殊特性、顾客指定的供应商、顾客财产、标识、可追溯性、包装要求和运输要求等）；5. 开发任务书；6. 标书；7. 报价单；8. 产品制造可行性报告；9. 信息的使用（包括：以往的设计和开发经验、竞争对手分析资料、内部输入、供应商反馈、市场数据）；10. 生产率；11. 过程能力；12. 适用的法规/标准；13. 交付时间计划；14. 开发成本目标；15. 服务要求

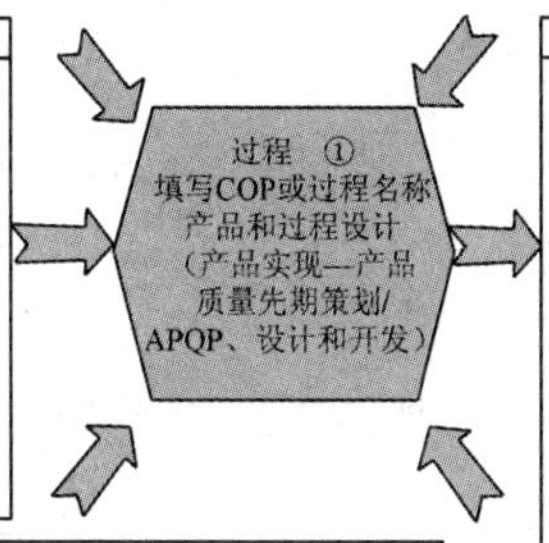

⑥　输出（将要交付的是什么？）

1. 合格的原型样件；2. 合格的产品；3. PPAP资料；4. APQP开发计划；5. 项目管理开发计划；6. 过程能力研究（Ppk、Cpk、Cmk、PPM）结果资料；7. DFMEA分析资料；8. 可靠性结果；9. 产品特殊特性；10. 产品图纸和规范；11. 适用的产品防错方法；12. 产品设计评审结果；13. 适用的参考指南；14. 工程规范和工程图纸；15. 制造过程流程图和车间平面布置图；16. PFMEA分析资料；17. 控制计划；18. 作业指导书；19. 产品和过程批准接收准则；20. 有关质量、可靠性、可维护性及可测量性的数据和报告；21. 适用的防错活动的结果；22. 产品/制造过程不合格的快速探测和反馈方法

④　如何做？（作业指导书/方法/程序/技术）

1. 文件控制；2. 记录控制；3. 管理评审；4. 经营计划；5. 信息沟通；6. 人力资源管理；7. 成本核算报价；8. 顾客需求管理；9. 产品质量先期策划（APQP）；10. 项目策划管理；11. 设计和开发；12. DFMEA分析；13. PFMEA分析；14. 生产件批准程序（PPAP）；15. 采购管理；16. 过程控制；17. 控制计划；18. 工装管理；19. 设备管理；20. 生产计划管理；21. 产品标识和可追溯性；22. 仓储管理；23. 计量仪器校正与管理；24. 测量系统分析（MSA）；25. 实验室管理；26. 体系内部审核；27. 过程审核；28. 产品审核；29. 统计过程控制（SPC）；30. 进货检验；31. 过程检验；32. 产品最终检验；33. 不合格品管理；34. 数据分析和使用管理；35. 质量成本管理；36. 纠正和预防措施；37. 相关作业指导书（包括外来文件等）；38. 持续改进

⑦　使用的关键准则是什么？（测量/评估）

1. 设计目标达成率；2. 可靠性目标达成率；3. 质量目标达成率；4. 产品和过程设计/开发成功率；5. 产品和过程设计/开发计划达成率；6. 开发成本目标控制率；7. 过程能力指标（Ppk/Cpk/CmK/PPM）达成率；8. 产品和过程设计/开发交付准时率；9. 与顾客信息沟通及时率；10. 新产品测量系统（MSA）分析指标达成率

图 2.12　产品开发体系（PDS）过程分析乌龟图（实例）

CW 公司将“产品和过程设计过程”分为六个子过程。图 2.13 清晰地描述了初始阶段“业务追踪与报价”过程的输入输出关系。由该图可以看出，主要的输入一方面是来自客户：客户的 RFQ、客户售后市场对类似零件的反馈资料，客户对产品的信息，另一输入是来自公司的战略方向，通常以年度或长期业务计划的形式输入。另外，对竞争对手情况的掌握也很重要。该过程的输出是一份完整的报价书，及合同或订单等。具体由哪些相关部门实施，或怎样的流程实施，可参照流程图和各公司组织架构进行。评价该过程是否完成有效或有效率，主要有三项指标：新项目定点额、国内市场占有率、合同/订单评审及时率。

CW 公司的项目第一阶段“计划和确定项目”（见图 2.14），其输入是阶段一的输出，即客户签订的合同/订单、客户对产品的要求、客户的其他特殊要求，比如，服务协议、交付时间计划、可追溯性要求、包装/运输要求等、报价书（包括一些工程可行性分析报告和报价假设）。如果抛开报价阶段的原始假设，则项目的成本将很难控制。

⑤ 使用什么方式进行（材料/设备/装置）

1. 调查表、信息收集；2. 数据分析、会议；3. 客户走访、来访；4. E-mail、电话、传真、网络；5. 统计技术

③ 由谁进行？（能力/技能/知识/培训）

1. 总经理；2. 管理者代表；3. 各部门主管；4. 多方论证小组；5. 质量部；6. 采购部；7. 销售部；8. 人力资源部；9. 工程技术部；10. 生产制造部；11. 财务部；12. 顾客代表

② 输入（要求是什么？）

1. RFQ；2. 公司市场战略目标；3. 顾客反馈、抱怨分析统计资料；3. 产品销售趋势分析资料；4. 竞争对手状况；5. 顾客满意度调查统计分析状况；6. 国际/国家标准、适用的标准和法规；7. 顾客服务信息反馈和保修资料；8. 顾客要求（包括顾客特殊要求）；9. 以往类似产品相关资料/信息；10. 质量协议、技术协议、产品图纸、样件；11. 顾客要求（包括顾客特殊要求、顾客指定的特殊特性）

过程 ①
填写COP或过程名称
业务追踪与报价

⑥ 输出
（将要交付的是什么？）

1. 市场分析报告；2. 市场调研报告；3. 顾客资料档案；4. 已签订的合同/订单；5. 报价书；6. 修改的服务协议；7. 制造可行性分析报告；8. 合同/订单评审单；9. 合同/订单汇总表等

④ 如何做？（作业指导书/方法/程序/技术）

1. 文件控制；2. 记录控制；3. 管理评审；4. 经营计划；5. 信息沟通；6. 人力资源管理；7. 成本核算报价；8. 顾客需求管理；9. 数据分析和使用管理；10. 质量成本管理；11. 纠正和预防措施；12. 持续改进管理

⑦ 使用的关键准则是什么？（测量/评估）

1. 合同/订单评审及时率；2. 国内市场占有率；3. 获得新业务定点额

图 2.13 APQP 初始阶段的“过程分析（乌龟图）工作表”

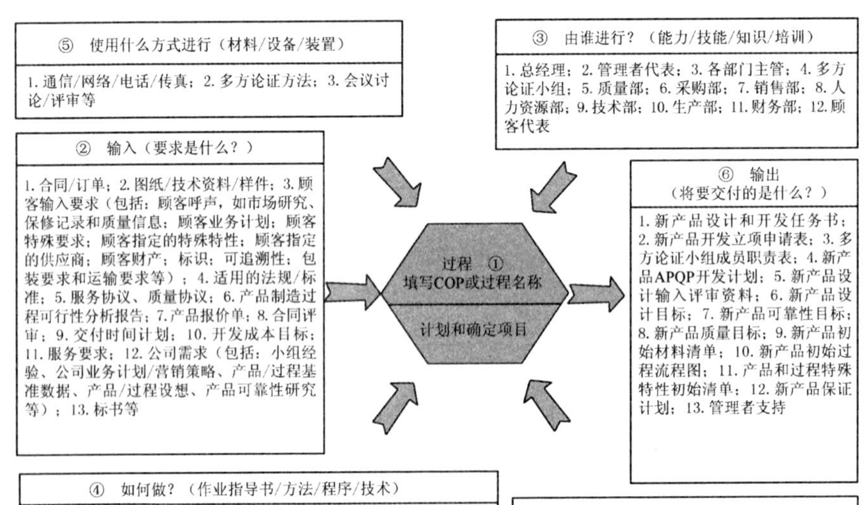

图 2.14 APQP 第一阶段的“过程分析（乌龟图）工作表”

该阶段的主要任务是项目的总体策划和范围目标的确定。所以，关于策划的输出包括：项目开发进度计划、项目开发质量目标、可靠性目标、新产品设计目标、设计和开发任务书、新产品保证计划，除此之外，还包括项目初期应完成的初始材料清单、初始流程图、初始产品/过程特殊特性清单。关于项目确定的输出包括：签署的立项申请表（包括项目范围的确定、目标的确定）、多方论证小组的组建表。完成阶段二的方法和所需的资源根据每个公司的组织架构和体系流程的不同会有一些不同。评价该过程完成的效果和效率的指标见图 2.14 中的第⑦项。

第二阶段“产品设计和开发”的主要任务（见图 2.15）是根据客户对产品的要求，设计出满足客户要求的产品，因为该阶段过程开发还未开始，所以对产品的设计定义只是数据、图纸、标准、手工样件等。该阶段的输入是阶段二的输出，即按阶段二的进度计划、质量目标、设计目标，安排阶段二组建的小组成员进行产品设计，设计的依据是阶段二输出的顾客对产品的要求和初始开发资料，如初始材料清单、初始过程流程图等。

⑤ 使用什么方式进行（材料/设备/装置）

1. 通讯/网络/电话 / 传真；2. 多方论证方法；3. 会议讨论/评审等；4. 设备/模具和工装；5. 检具/量具

③ 由谁进行？（能力/技能/知识/培训）

1. 总经理；2. 管理者代表；3. 各部门主管；4. 多方论证小组；5. 质量部；6. 采购部；7. 销售部；8. 人力资源部；9. 技术部；10. 生产部；11. 财务部；12. 顾客代表；13. 检验员

② 输入（要求是什么？）

1. 设计目标；2. 可靠性和质量目标；3. 初始材料清单；4. 初始过程流程图；5. 产品/过程特殊特性初始清单；6. 产品保证计划；7. 管理者支持；8. 新产品设计输入评审资料；9. 新产品APQP开发计划；10. 产品功能和性能要求；11. 适用的法律法规要求；12. 以前类似设计提供的信息/资料；13. 顾客要求（如合同评审的结果，顾客指定的特殊特性，标识，可追溯性和包装）；14. 信息的使用（包括：以前的设计项目，竞争对手分析，供应商反馈，内部输入，市场数据等）；15. 产品质量、寿命、可靠性、耐久性、可维护性、时间计划和开发成本目标

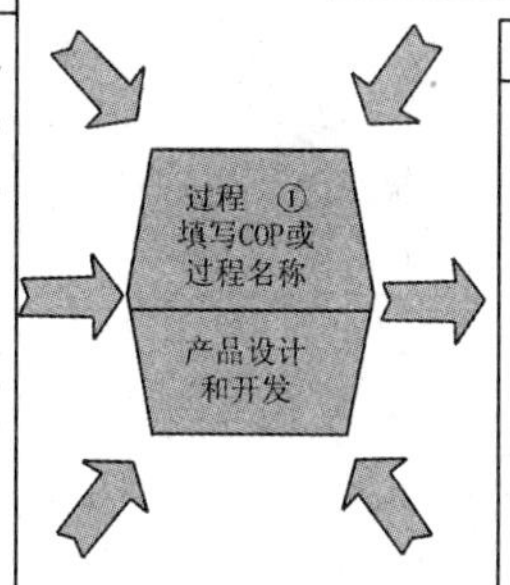

⑥ 输出（将要交付的是什么？）

1. 设计FMEA资料；2. 产品图纸/规范；3. 可制造性和装配设计；4. 样件控制计划和样件制作计划；5. 产品设计验证计划；6. 合格样件；7. 样件检验记录；8. 产品设计验证及其评审结果（包括可靠性结果）；9. 产品设计确认及其评审结果；10. 产品设计输出及其评审结果；11. 产品设计更改及其评审结果；12. 工程图样、工程规范和材料规范确认；13. 图样和规范更改记录；14. 新设备、工装和设施要求；15. 产品和过程特殊特性；16. 量具/试验设备要求；17. 小组可行性承诺和管理者支持；18. 必要时，产品防错/诊断指南

④如何做？（作业指导书/方法/程序/技术）

1. 文件控制；2. 记录控制；3. 管理评审；4. 经营计划；5. 信息沟通；6. 人力资源管理；7. 产品质量先期策划（APQP）；8. 设计和开发控制管理；9. 失效模式及后果分析（DFMEA）；10. 控制计划管理；11. 检验和试验控制管理；12. 数据分析和使用管理；13. 质量成本管理；14. 纠正和预防措施；15. 持续改进管理；16. 相关作业指导书（包括外来文件等）；17. 产品质量先期策划和控制计划（APQP / CP）、FMEA手册等

⑦ 使用的关键准则是什么？（测量/评估）

1. 新产品APQP开发计划达成率；2. 设计目标达成率；3. 可靠性目标达成率；4. 质量目标达成率；5. 新产品开发质量风险、开发成本、准备时间和关键路径衡量；6. 与顾客信息沟通及时率；7. DFMEA（S≥8或RPN≥100）纠正措施关闭有效率；8. 新产品开发成功率

图 2.15 APQP 第二阶段的“过程分析（乌龟图）工作表”

该阶段的输出包括了设计结果的输出和设计过程的输出。所以，除了设计定义，还包括设计过程中的 FMEA 资料、样件控制计划、设计评审和确认报告、设计更改评审结果、新设备和工装要求、量具和实验设备要求等。产品设计和开发所用到的资源和方法视项目的复杂程度和公司的组织架构、流程而定。评价该过程完成的效果和效率的指标见图 2.15 中的第⑦项。

第三阶段“过程设计和开发”的主要任务（见图 2.16）是完成生产过程（包括从原材料入库至成品出库全过程中场地、人员、设备、工装、采购件供应商、生产工艺）的策划。其输入是阶段三的输出，即过程开发的依据，如经确认的产品图纸/规范、数据、手工样件、设计评审结果、新增设备、工装和设施要求、产品和过程特殊特性清单、设计 FMEA、设计验证计划等。

⑤ 使用什么方式进行（材料/设备/装置）

1. 通信/网络/电话/传真；2. 多方论证方法；3. 会议讨论/评审等；4. 设备/模具和工装；5. 检具/量具

③由谁进行？（能力/技能/知识/培训）

1. 总经理；2. 管理者代表；3. 各部门主管；4. 多方论证小组；5. 质量部；6. 采购部；7. 销售部；8. 人力资源部；9. 技术部；10. 生产部；11. 财务部；12. 顾客代表；13. 检验员

② 输入（要求是什么？）

1. 设计FMEA资料；2. 产品图纸/规范；3. 可制造性和装配设计；4. 样件控制计划和样件制作计划；5. 产品设计验证计划；6. 合格样件；7. 样件检验记录；8. 产品设计验证及其评审结果（包括可靠性结果）；9. 产品设计确认及其评审结果；10. 产品设计输出及其评审结果；11. 产品设计更改及其评审结果；12. 工程图样、工程规范和材料规范确认结果；13. 图样和规范更改记录；14. 新设备、工装和设施要求；15. 产品和过程特殊特性；16. 量具/试验设备要求；17. 小组可行性承诺和管理者支持；18. 必要时，产品防错/诊断指南；19. 生产率、过程能力及开发成本目标，以往的过程开发经验；20. 顾客要求（如果有）

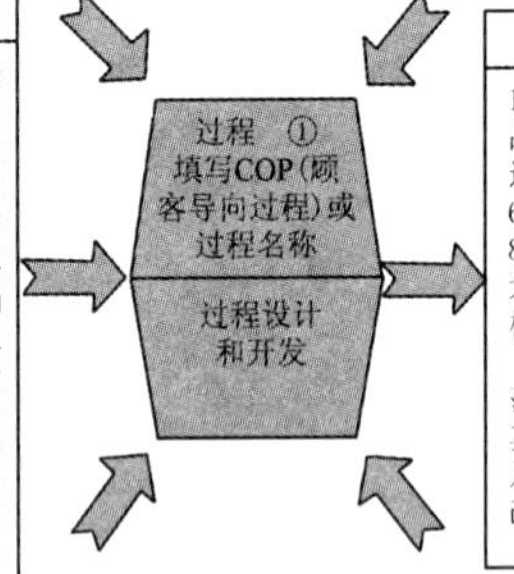

⑥ 输出（将要交付的是什么？）

1. 过程设计输入及其评审结果；2. 产品图纸/规范；3. 包装标准；4. 产品/过程质量体系评审；5. 过程流程图；6. 车间平面布置图；7. 特性矩阵图；8. 过程FMEA资料；9. 试生产控制计划；10. 过程指导书；11. 测量系统分析（NSA）计划；12. 初始过程能力（SPC-Ppk）研究计划；13. 包装规范；14. 制造过程设计验证和确认及其评审结果；15. 制造过程设计输出及其评审结果；16. 制造过程设计更改及其评审结果；17. 管理者支持

④ 如何做？（作业指导书/方法/程序/技术）

1. 文件控制；2. 记录控制；3. 管理评审；4. 经营计划；5. 信息沟通；6. 人力资源管理；7. 产品质量先期策划（APQP）；8. 设计和开发控制管理；9. 失效模式及后果分析（DFMEA）；10. 控制计划管理；11. 检验和试验控制管理；12. 数据分析和使用管理；13. 质量成本管理；14. 纠正和预防措施；15. 持续改进管理；16. 相关作业指导书（包括外来文件等）；17. 产品质量先期策划和控制计划（APQP / CP）、FMEA手册等

⑦ 使用的关键准则是什么？（测量/评估）

1. 新产品APQP开发计划达成率；2. 设计目标达成率；3. 可靠性目标达成率；4. 质量目标达成率；5. 新产品开发质量风险、开发成本、准备时间和关键路径衡量；6. 与顾客信息沟通及时率；7. DFMEA（S≥8或RPN≥100）纠正措施关闭有效率

图 2.16 APQP 第三阶段的“过程分析（乌龟图）工作表”

该过程的输出根据其过程任务包括：过程流程图（用于描述生产工艺流程）、车间平面布置图（用于描述场地摆放与利用的策划图表）、特性矩阵图、过程 FMEA、试生产控制计划（是一份综合的表述过程策划结果的文件）、过程作业指导书、测量系统分析计划（用于指导下一阶段试生产时的测量系统分析）、初始过程能力研究计划（用于指导阶段五试生产时的能力验证）、包装规范及以上所有过程策划文件的评审结果，除此之外，该阶段如有涉及设计变更，还应包括对变更进行控制的输出（如评审结果和变更通知、验证计划等）。由哪些职能部门支持项目经理完成阶段四和怎样完成阶段四的任务视每个公司的流程及组织架构来决定。

阶段四“产品和过程确认”的主要任务（见图 2.17）是通过试生产来验证和确认阶段三产品设计的结果和阶段四过程设计与开发的结果。不论是产品设计还是过程设计，最终的目的都是生产出合格的产品，而该合格的产品需要通过正规的工装设备、材料外购件、人员和正式的工艺来制造，才具有过程的代表性。所以，试生产的条件是按正式生产的人、机、料、法、环进行。

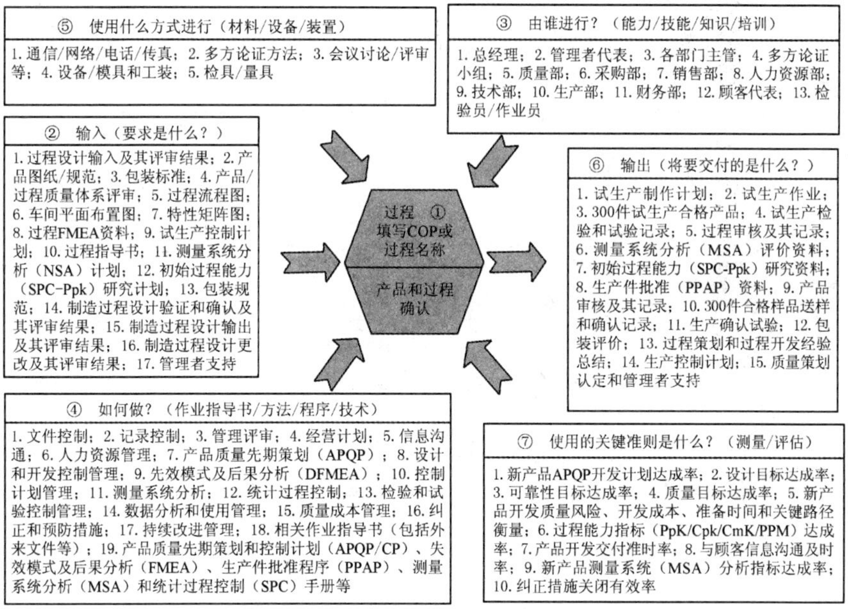

⑤　使用什么方式进行（材料/设备/装置）

1. 通信/网络/电话/传真；2. 多方论证方法；3. 会议讨论/评审等；4. 设备/模具和工装；5. 检具/量具

③　由谁进行？（能力/技能/知识/培训）

1. 总经理；2. 管理者代表；3. 各部门主管；4. 多方论证小组；5. 质量部；6. 采购部；7. 销售部；8. 人力资源部；9. 技术部；10. 生产部；11. 财务部；12. 顾客代表；13. 检验员/作业员

②　输入（要求是什么？）

1. 过程设计输入及其评审结果；2. 产品图纸/规范；3. 包装标准；4. 产品/过程质量体系评审；5. 过程流程图；6. 车间平面布置图；7. 特性矩阵图；8. 过程FMEA资料；9. 试生产控制计划；10. 过程指导书；11. 测量系统分析（NSA）计划；12. 初始过程能力（SPC-Ppk）研究计划；13. 包装规范；14. 制造过程设计验证和确认及其评审结果；15. 制造过程设计输出及其评审结果；16. 制造过程设计更改及其评审结果；17. 管理者支持

过程　①
填写COP或过程名称

产品和过程确认

⑥　输出（将要交付的是什么？）

1. 试生产制作计划；2. 试生产作业；3. 300件试生产合格产品；4. 试生产检验和试验记录；5. 过程审核及其记录；6. 测量系统分析（MSA）评价资料；7. 初始过程能力（SPC-Ppk）研究资料；8. 生产件批准（PPAP）资料；9. 产品审核及其记录；10. 300件合格样品送样和确认记录；11. 生产确认试验；12. 包装评价；13. 过程策划和过程开发经验总结；14. 生产控制计划；15. 质量策划认定和管理者支持

④　如何做？（作业指导书/方法/程序/技术）

1. 文件控制；2. 记录控制；3. 管理评审；4. 经营计划；5. 信息沟通；6. 人力资源管理；7. 产品质量先期策划（APQP）；8. 设计和开发控制管理；9. 先效模式及后果分析（DFMEA）；10. 控制计划管理；11. 测量系统分析；12. 统计过程控制；13. 检验和试验控制管理；14. 数据分析和使用管理；15. 质量成本管理；16. 纠正和预防措施；17. 持续改进管理；18. 相关作业指导书（包括外来文件等）；19. 产品质量先期策划和控制计划（APQP/CP）、失效模式及后果分析（FMEA）、生产件批准程序（PPAP）、测量系统分析（MSA）和统计过程控制（SPC）手册等

⑦　使用的关键准则是什么？（测量/评估）

1. 新产品APQP开发计划达成率；2. 设计目标达成率；3. 可靠性目标达成率；4. 质量目标达成率；5. 新产品开发质量风险、开发成本、准备时间和关键路径衡量；6. 过程能力指标（PpK/Cpk/CmK/PPM）达成率；7. 产品开发交付准时率；8. 与顾客信息沟通及时率；9. 新产品测量系统（MSA）分析指标达成率；10. 纠正措施关闭有效率

图 2.17　APQP 第四阶段的“过程分析（乌龟图）工作表”

其结果性的输出有：合格的试生产产品、过程评审报告、过程能力研究报告、生产件批准报告、产品审核报告、验证产品与过程的试验报告。过程性的输出有：试生产作业计划、试生产检验记录、测量系统分析报告、生产控制计划（用于总结试生产的不足和改进，指导批量生产）等。另外，每个阶段的输出都含管理者支持，这意味着项目在开发过程中必须得到高层的支持，包括资源配置上的支持和职能协调上的支持。

阶段五“反馈、评定和纠正措施”的起始点是SOP，其输入是阶段五的输出，包括：用于正式生产的控制计划、作业指导书、过程审核报告、Ppk（试生产过程能力指数）报告、产品审核记录、生产确认试验等。该过程是要确保按零件批准状态生产出稳定的合格的产品（即保持过程和产品的稳定），还要在生产件批准状态的基础上持续改进，所以其输出包括：减少变差、顾客满意度、交付和服务、合格的产品等，见图2.18。

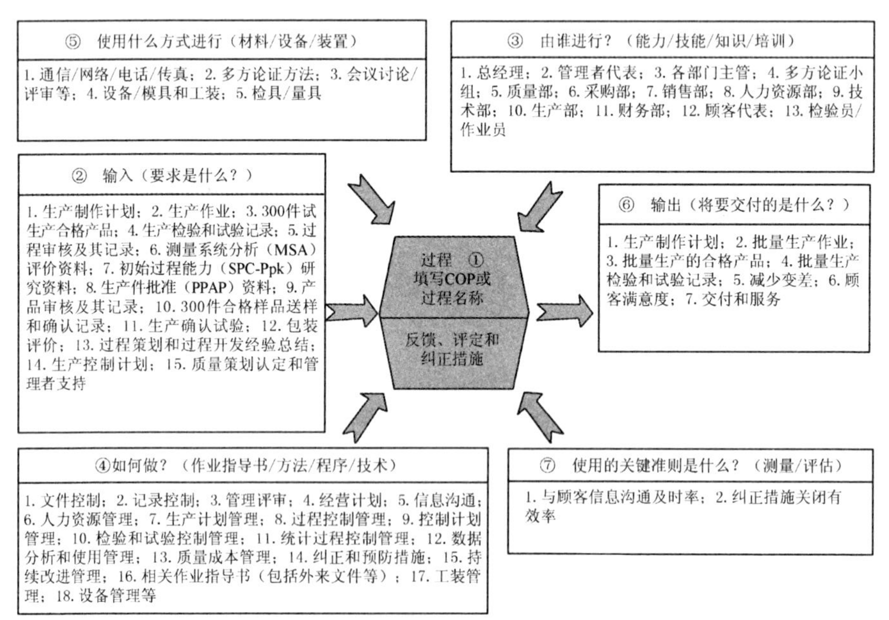

图2.18 APQP第五阶段的“过程分析（乌龟图）工作表”

通过这种乌龟图的过程分析描述，可以把APQP每一个阶段都描述得十分清楚，这种规范的程序提供给管理者和被管理者清晰的思路，顺序分别为：

（1）过程的名称描述；

（2）输入，或者要求的描述；

（3）谁负责？需要什么条件；

（4）如何做？方法、程序和技术应该是什么；

（5）用什么方式进行，主要涉及完成过程所需要的物质条件；

（6）输出，交付什么；

（7）使用的关键准则是什么，即测量和评估的依据。

这种规程化的方法，十分利于项目成员的交流和理解。

四、项目管理过程

按过程方法，项目管理过程被分为以下子过程：项目评审管理过程、报价控制过程、客户需求控制过程、更改控制过程、供应商开发管理过程、财务分析管理过程、工程开发控制过程、生产启动控制过程、物料清单管理过程、总结经验与教训管理过程。以上所有过程都应按程序化的方法对其进行描述。具体见“第六章　项目管理过程与方法”。

五、项目管理的工作方法

（一）项目周会

定期召开的项目周会是项目管理程序中的一个重要部分，它能使人们随时回顾项目当前的状况。

让小组成员在会议中着重讨论以下各点：已按时完成了什么工作；已完成的工作中还有哪些异常事件；哪些先前商定了的行动现在仍未完成；未完成的行动计划何时可以完成；哪些重大事件是按时完成的；哪些重大事件被延误

了；是否制定了行动计划以弥补延误的时间；已经升级成问题的风险；有待解决的问题；任何关于资源、能力变更的预测；在下一阶段应完成的工作；在下一阶段将会发生的重大事件；预计在下一阶段会出现的问题；下一阶段中可能会影响工作的风险；预计下一阶段和第三方的契约中存在的任何问题；小组工作表现方面的任何问题和争议；策划是否仍然有效。

为了保证会议的效率和效果，在会议室里应始终保留一份活动挂图，以记录开始执行的、经商定的措施，并注明责任和既定的完成日期。要避免如下问题：对已发生的事件做出长篇累牍的报告；在会议中解决应另行处理的严重问题；偏离会议主题的冗长讨论；任何其他业务。另外，还应该有会议记录，这是为召开进展会议制定的措施列表时最重要的文档，也是下一个会议的起点——可以通过它核实所有商定的措施是否都已执行。包括下述内容：

（1）检查上次会议行动细节的完成情况，总结自上次会议项目所实现的工作（最好能够以里程碑方式进行衡量）。

（2）项目的进展情况。将实际项目执行情况与项目的基准计划进行比较，涉及项目计划中的几个主要方面（如时间、成本和工作范围）。

（3）预测项目的趋势。根据项目的执行情况与历史数据，预测项目未来的执行情况，尤其是对项目结束的时间、成本、工作范围进行预测，做到未雨绸缪。

（4）纠正措施和改进的建议。基于差异分析和趋势预测，团队可能会发现已出现的问题或者潜在问题，并能够提出纠正和改进建议，必要时需要单独召开问题解决会议进行专题突破。

（5）进行细节分配。会议的一些结果是以行动细节的形式表达——由谁负责、在什么时间内采取什么行动、达到什么效果。这项内容是每次会议记录的重要内容，并在下次会议时往往首先检查这些行动细节的进展情况，检查结果会记录在会议纪要中。

（二）项目沟通会议室

项目组可任选一个会议室召开项目沟通会议。项目组内部或者项目组与部门之间就有关项目进展过程中存在的问题进行讨论，项目组的成员是来自不同的职能部门，代表各自的观点和立场，这就导致这种讨论如同在军队的作战室召开的作战会议一样，有时争论是很激烈的，达不成一致意见就需要继续讨论，直至达成一致的意见。然后，大家按照达成的一致意见去解决存在的问题，确保项目质量、进度、成本、利润四项指标的顺利完成。

（三）项目通报

这是与客户和项目发起人核实，他们是否能够获得所需要的所有基本信息。在准备进展报告时要避免生成大量的文件。使用模板，以保证报告的简洁，但有时还应在进行项目全程回顾时，作更为详细的介绍。报告应着重介绍项目的重大事件：简洁的进展概述；计划中已完成的重大事件；计划中已推迟的重大事件；所采取的弥补延误的措施；下一个报告周期中预计会发生的重大事件；已升级并等待决策的问题；新产生的需要发起人处理的问题；对项目完成日期的预测；对项目结束时费用的预测；任何所需要的重大变更及其建议和采取的行动；修改先前所做的预测。可以采取一些明确的措施保证会议有效：

（1）保证进展会议简短，至多一个小时；

（2）确保会议主题明确，避免偏离会议主题，并集中讨论异常事件；

（3）按时开始和结束会议；

（4）有效控制会议，确保在会议上解决问题；

（5）拿出可供参考的最新的关键阶段甘特图；

（6）识别未解决的问题，但不要试图在会议上立即解决——可与相关的人员另行讨论，可编制问题清单做跟踪。

（四）项目启动会和结束碰头会

项目启动会议是一个项目的开始，因此其对于项目的顺利开展非常重要。项目启动会议一般由项目经理负责组织和召开。

（1）项目内部启动会议。项目内部启动会议指在项目组内部召开的会议。

①项目内部会议的目的是让项目团队成员对该项目的整体情况（包括项目的开发背景、项目总体规划及项目团队成员等信息）和各自的工作职责有一个清晰的认识和了解，为日后协同开展工作做准备；同时获得领导对项目资源的承诺和保障。

②需要参加会议的人员根据会议的性质和会议的目的确定，需要参加项目内部启动会议的人员包括项目团队全体成员、项目相关部门领导等。

③项目内部启动会议所需要介绍的主要内容包括：项目的开发背景、项目组成员信息、项目的基本需求、项目的总体规划（包括项目开发思路、项目总体计划等）、项目团队成员及其分工、项目存在的风险及应对策略和项目资源需求等。

其中“项目总体规划”、“项目团队成员及其分工”、“项目存在的风险及其应对策略”和“项目资源需求”是会上需要重点介绍的内容。

（2）项目外部启动会议。项目外部启动会议包括项目组与客户、项目组与供应商之间召开的会议，地点可选在公司内部或客户、供应商处。

①目的。会议的目的是让客户、供应商对该项目的整体情况（包括项目的开发背景、项目总体规划及项目团队成员等信息）有一个清晰的认识和了解，让客户或供应商清楚各自的职责和义务，并承诺在项目开发的过程中给予所需要的支持和配合，从而让各方就项目开发的相关事宜达成共识。

②需要参加会议的人员。根据会议的性质和会议的目的，我们可以知道，需要参加项目外部启动会议的人员包括客户、供应商的相关责任人、项目负责人、项目组核心成员等。

③会上需要介绍的主要内容。项目外部启动会议所需要介绍的主要内容包括：项目开发背景、项目负责人及项目团队、项目的基本需求、项目的总体规划（包括项目开发思路、项目总体计划等）、项目客户和供应商的责任和义务、项目存在的风险及其应对策略和在项目的开发过程中客户和供应商所需要给予的支持和配合等。

其中，“项目总体规划”、“客户和供应商的责任和义务”以及“项目开发过程中客户、供应商所需要给予的支持和配合”是会上需要重点介绍的内容。

（3）结束碰头会。项目结束时应召开项目结束会议。在召开会议前项目组应做好相关准备工作，要对项目状态进行一个全面、严格的审核。核实所有的工作是否已经全部按时完成，检查是否有被遗忘的任务。在这一阶段，项目组可能会发现许多先前在关键阶段遗留下来的任务仍未解决。此时就必须完成这些任务。可以制定一项完成所有被遗忘或未解决的任务的计划，以避免给客户提供一个拒绝接受的借口。重点解决突出的问题，并为每个问题指定负责人，规定解决问题的目标日期。当一切情况正常时，项目经理就应与客户和公司高层一起确定召开结束碰头会的日期。在会议中，项目组需要回顾项目所取得的成果、检查移交清单、确认并解释为解决遗留的问题所制定的行动计划；商定并确认正在进行的工作或所提供的支持包含的责任；对项目组及利益相关者的努力和支持表示感谢；对客户和公司高层的支持表示感谢。

（五）共同办公

项目组是一个跨部门的横向工作组织，其成员来自不同的部门，为了更好地沟通，需要采取共同办公的工作方式。

（六）其他方式

根据项目的需要，采取的一些特殊的更加直观的用于降低沟通成本的方式，如项目管理目视板、跨国电话会议、特邀国外技术专家（股东方、合作伙伴）、与客户共同办公（比如有些设计来自客户，设计与试制要同步；如有些设计来自本公司，设计方案需要得到客户的确认）、与供应商共同办公（以便同步开发，缩短开发周期）、根据需要可随时召开临时会议，解决急需解决的问题。

六、项目审核

（一）公司最高层领导进行项目审核

项目审核的主要内容包括：该阶段在关控审核中发现的质量、进度、成本、利润与项目目标的重大不符合；随着项目进展而出现的风险和机遇预测、预控；随着项目进展所需要的资源支持等。

（二）公司质量部长对项目进行关控审核

关控审核的主要内容包括：各个阶段的任务输出是否符合输入的要求，包括进度、质量、工程等问题，它用于判断该项目是否能进入下一阶段。

（三）公司技术部长或技术中心主任对项目进行工程审核

工程审核的主要内容包括：对设计输入的审核，如客户的 RFQ（包含客户提供的设计和由本公司进行的设计）；对设计上一些细节问题的审核，如设计上的制造可行性；对设计变更的审核（变更是否会带来风险和成本的增加，变更是否会带来机会和成本的降低及利润的增加）；对样件的审核（评价样件是否与设计相符）。

第三章　项目进度控制

项目进度控制的目的是确保按照客户项目时间节点的要求完成项目，按时、按质、按量交付产品或服务。在控制过程中要确定活动的相关性和周期。相关的过程包括：

（1）活动相关性策划：根据客户要求，识别项目各活动间的内部关系、逻辑上的相互影响和相关性。

（2）周期估算：每项活动的周期估算要与规定条件（包括客户限制条件、项目组内部开发条件和供方开发及试制条件）和所需资源相联系。

（3）时间进度确定：将客户要求的项目时间节点目标、活动相关性及其周期联系起来，作为确定项目总进度和详细进度的依据和框架。

（4）时间进度控制：按客户时间节点要求控制项目活动的实现，以确保进度或采取适当的措施使已延期项目恢复正常，满足客户交付要求。

一、活动相关性策划

应明确项目中活动的内部关系、逻辑上的相互影响及配合关系，并评审其一致性。应识别、判断更改参数数据的任何需求，并形成文件。为了利用以前的有效经验，只要可能，就应使用标准或经证明的项目网络图，但应验证它们对项目的适宜性。活动之间的逻辑关系如下：

（一）按时间的先后顺序分

结束—开始式（FS）：活动 B 在活动 A 结束之前不能开始，即 A 结束了，B 才能开始；

开始—开始式（SS）：活动 B 在活动 A 开始之前不能开始，即 A 开始了，B 才能开始；

结束—结束式（FF）：活动 B 在活动 A 结束之前不能结束，即 A 结束了，B 才能结束；

开始—结束式（SF）：活动 B 在活动 A 开始之前不能结束，即 A 开始了，B 才能结束。

图例说明：活动 A：  活动 B：

（二）按结构上的逻辑关系分

按照结构上的逻辑关系，活动可用工作分解图 WBS（Work Breakdown Structure）表示。为了更全面地了解一个项目所涉及的工作，可以把项目的全部工作分解为各个易管理的单元，整个分层结构被视为工作分解结构。其作用是将项目划分为不同的总结报告层次。通常按照下述方式组织 WBS：产品类别、工序、职责。也可按：阶段、可交付成果、技能或职责进行分解。

组织 WBS 应该遵循一定的原则：

（1）要明确知道任务的起止时间以及项目的人工量。如果一个人在执行任务时无法说出该任务的开始时间以及任务的进度如何，那么就说明该任务规模太大或者划分得过于具体。

（2）细节型任务应该可以落实到某个人或某项职责。

（3）细节型任务的人工量应该合理适当。确认的准则是每项任务是否有确切的开始时间、结束时间以及确切的人工量。

当然，一次就能创建出完整的WBS也不现实，如同项目其他部分的制定过程一样，需要反复修改。在估算和安排项目的进度时，可能会发现以前以后的任务。尽管实施项目前最好有一个确切的WBS，但是在项目的实施中才发现遗漏的任务也是平常的。为了减少遗漏，在创建WBS时还应该注意两点：一是一项汇总型任务不能只包含一项细节型任务，必须向下分解或者直接删除此项汇总任务；二是细节任务完成时，必须保证其汇总任务也得完成，否则需要增加额外的全部细节型任务。图3.1为工作分解结构框架图，反映了一个任务是如何逐级分解的。

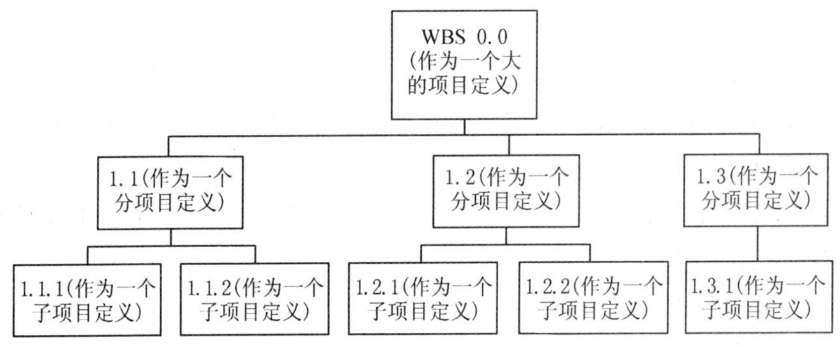

图3.1　工作分解结构示意图

二、周期估算

应由对活动负责的人员来估算活动的周期。如果是根据过去经验做出周期估算，则要对其正确性及对当前项目条件的适用性进行核查。周期估算的输入应形成文件并可溯源。在汇集周期估算的同时，获得相关的资源估算对资源策划将十分有用。应特别注意要为质量实践分配足够的时间。如果周期估算中有重要的不确定因素，则应评估并减少风险，并应在估算中对后续工作的风险给予适当补偿。当有用或有要求时，客户和其他受益者应参与周期估算。

（一）确定开始时间

（1）活动的最早开始时间 ES：每个活动都有一个可能开始的最早时间；

（2）活动的最早结束时间 EF：最早开始时间加上活动的工期，EF＝ES＋活动工期；

（3）活动的最迟结束时间 LF：每个活动的最迟结束时间；

（4）活动的最迟开始时间 LS：最迟结束时间减去活动的工期，LS＝LF－工期估计。

（二）估计活动的历时或工期

（1）类比法（与已经完成的类似项目进行比较，得出经验值）；

（2）专家判断法（依据公司资深的项目经理所做过的项目的判断，得出的项目工期）；

（3）资料统计法（将以往所有项目的活动工期输入信息平台，利用这些数据，统计而得出项目工期）；

（4）经验公式法：

预期工期＝（o＋4m＋p）/6

o＝最乐观估计

m＝最有可能估计

p＝最悲观估计

（三）按每项活动计算浮动时间

我们用七方格构成的矩形来描述活动及其对应的相关时间，如图 3.2 所示，矩形按照上中下被分为 3 个部分：中间部分是活动编号和内容；上面的 1/3 部分被分成左中右 3 块，左边是最早开始时间，中间是该活动的工期，右边是活动的最早结束时间；下面的 1/3 部分也被分成左中右 3 块，从左至右分别是最晚开始时间、浮动时间和最晚结束时间。浮动时间为最晚结束时间减去最早开始时间和工期之和。

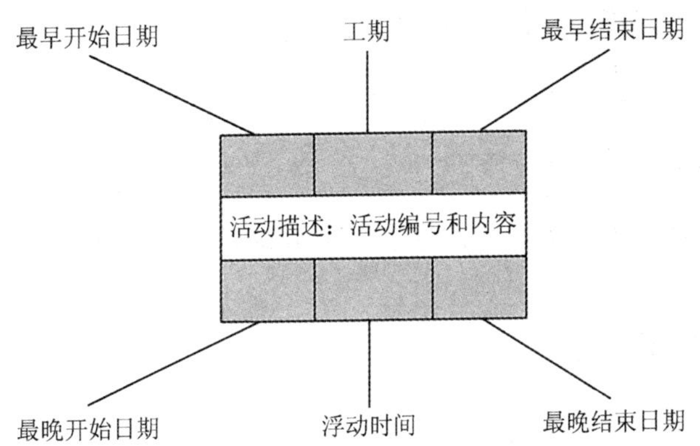

图 3.2　活动的时间描述

注：浮动时间＝最晚结束日期－（最早开始日期＋活动工期）

三、时间进度确定

应识别和验证进度确定的输入数据是否符合规定的项目条件。必须依据客户在每个阶段的时间节点要求，并作为里程碑限制条件来展开项目组的时间控制计划。应特别注意识别投产准备时间长、周期长的活动和关键路径。应确定适用于不同使用者需求的标准化进度表。在汇总周期估算时发现的与活动相关性不一致的地方应在进度表最终发布前得到解决。进度表中应识别关键和比较关键的活动。进度表中应识别特定事件，有时也叫做关键事件或里程碑，并对所要求的特定输入或决定或主要输出进行策划，如进展评价。在确定进度期间，应使客户及相关受益者始终了解有关情况，并在需要时请其参加。应将适宜的进度表作为信息提供给客户和相关受益者，如果需要，则请其审批是否符合客户的进度要求。确定和编制进度表可按如下活动进行：

（1）明确客户时间节点要求；

（2）确定项目组活动顺序；

（3）绘制项目网络图；

（4）确定关键路径，估计历时/工期；

（5）制定进度表。

（一）编制网络图

在明确活动的逻辑关系后，就可以编制活动的网络图（见图 3.3），通过对网络图的分析，可以识别关键路径，对项目的进度进行控制，对项目时间和资源可以进行调整优化。

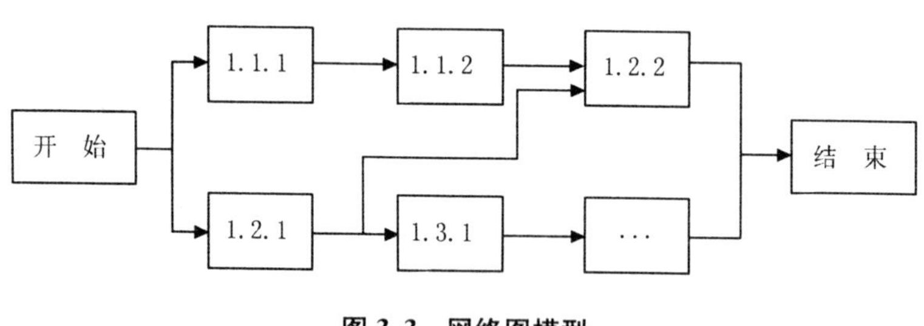

图 3.3 网络图模型

（二）确定关键路径

在一个网络图中，总时差为 0 的活动为称为关键活动，时差为 0 的节点为关键节点，一个从始点到终点，沿箭头方向由时差为 0 的关键活动所组成的路线，就叫关键路线。如下网络图（图 3.4），字母表示活动，数值表示工期（单位为天），箭头表示逻辑关系。

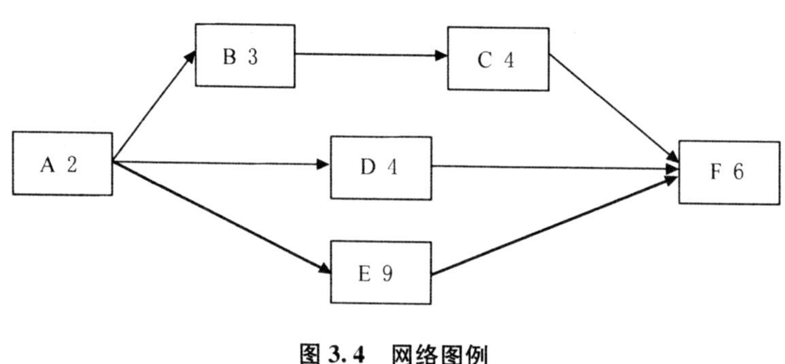

图 3.4 网络图例

算例

首先，按照网络图的箭头顺序，从前往后计算最早开始时间和最早结束时间：

A 活动的最早开始时间是 0，最早结束时间是最早开始时间加上 A 活动的时间，即为 2；

B 活动的最早开始时间是在 A 活动结束之后，为 2，最早结束时间是最早开始时间加上 B 活动的时间 3，即为 5；

C 活动的最早开始时间是在 B 活动结束之后，为 5，最早结束时间是最早开始时间加上 C 活动的时间 4，即为 9；

D 活动的最早开始时间是在 A 活动结束之后，为 2，最早结束时间是最早开始时间加上 C 活动的时间 4，即为 6；

E 活动的最早开始时间是在 A 活动结束之后，为 2，最早结束时间是最早开始时间加上 E 活动的时间 9，即为 11；

F 活动的最早开始时间是在 E 活动结束之后，为 11（注意，F 在 C、D 和 E 都结束之后才能开始，所以开始的时间应该以紧前工序最晚的那个工序结束的时间起），最早结束时间是最早开始时间加上 F 活动的时间 6，即为 17。即整个网络最早结束是在第 17 天末。

将上述最早开始和最早结束时间分别填入图 3.2 时间表的左上和右上角空格中。

其次，按照箭头相反顺序，从后往前计算最晚结束时间和最晚开始时间：

F 工序的最晚结束时间为 17，最晚开始时间为最晚结束时间减去 F 活动的时间 6，即为 11；

C 工序的最晚结束时间不得晚于 F 工序的最晚开始时间为 11，最晚开始时间为最晚结束时间减去 C 活动的时间 4，即为 7；

B 工序的最晚结束时间不得晚于 C 工序的最晚开始时间为 7，最晚开始时间为最晚结束时间减去 B 活动的时间 3，即为 4；

D 工序的最晚结束时间不得晚于 F 工序的最晚开始时间为 11，最晚开始时间为最晚结束时间减去 D 活动的时间 4，即为 7；

E 工序的最晚结束时间不得晚于 F 工序的最晚开始时间为 11，最晚开始时间为最晚结束时间减去 E 活动的时间 9，即为 2；

A 工序的最晚结束时间不得晚于 E 工序的最晚开始时间为 2（注意，A 工序必须在 B、D 和 E 工序开始之前结束，而 E 的最晚开始时间为 2），最晚开始时间为最晚结束时间减去 A 活动的时间 2，即为 0。

将上述最晚开始和最晚结束时间分别填入图 3.2 的左下和右下角空格中。

最后，计算浮动时间：倒推进行，用活动的最晚结束时间减去该活动最早开始时间与该活动时间之和。列在图 3.2 的第三行中间空格中。

F 活动的浮动时间：17－（11＋6）＝0——关键活动

C 活动的浮动时间：11－（5＋4）＝2

B 活动的浮动时间：7－（2＋3）＝2

D 活动的浮动时间：11－（2＋4）＝5

E 活动的浮动时间：11－（2＋9）＝0——关键活动

A 活动的浮动时间：2－（0＋2）＝0——关键活动

关键路线为 A—E—F，如图 3.4 粗线标记。其对应的活动及其时间如表 3.1 所示。

表 3.1　关键路线对应的活动及其时间参数

0	2	2	2	9	11	11	6	17
	A			E			F	
0	0	2	2	0	11	11	0	17

（三）制定进度表

1. 甘特图法

甘特图是反映项目进度的便捷工具。亨利·甘特于 19 世纪晚期发明了甘特图。此后，甘特图就成了最受欢迎的项目规划和跟踪的直观工具。它是一种横向条形图，沿左边框列出任务名称，然后在时间轴上画出条形图来代表每项任务的对应工期。现在通常用计算机辅助完成甘特图的绘制。图 3.5 为用微软公司提供的 Microsoft Projet 软件绘制的甘特图。

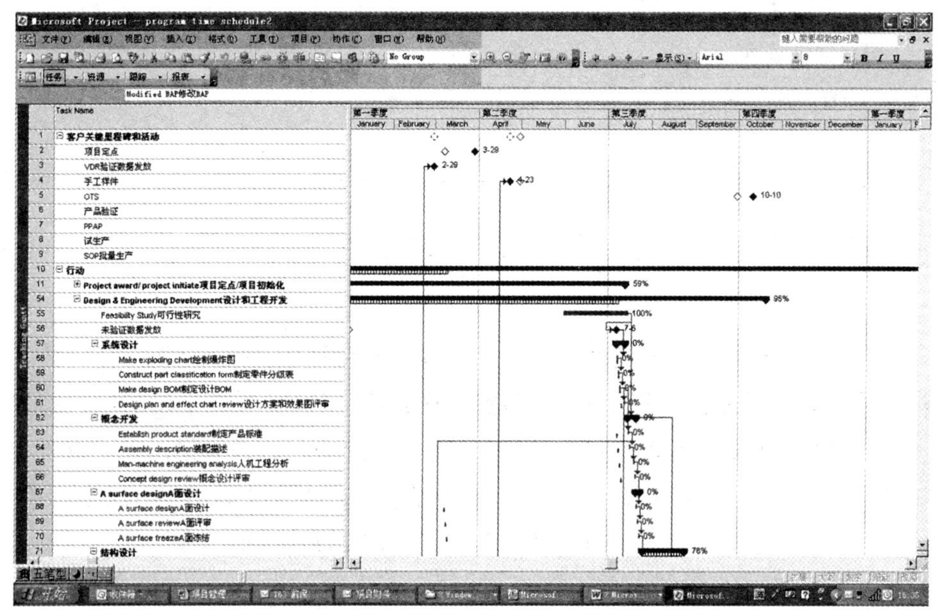

图 3.5

如图 3.5 所示，1～9 行描述了客户的时间节点要求，从第 10 行开始按客户时间节点要求展开每个阶段的行动，活动与活动之间的箭头表示箭头起始端任务的完成是箭头终止端任务开始的条件，即前置任务（黑色菱形表示客户的关键时间节点，白色菱形表示可提前的时间节点，其中间的时间差为浮动时间。虚线菱形是下面活动的时间节点对应到客户总的时间要求）。

2. 里程碑图

里程碑图直观地反映了项目的各个里程碑活动及其时间，在进度上能够起到一定的基准作用，与实际项目发生时间对比。如图 3.6 所示，该图即为 CW 公司某项目的里程碑图。

3. 日期法

进度控制常用图表除了甘特图和里程碑图之外，还有日期法图，见图 3.7。

里程碑活动	2004/2/15	2004/6/1	2005/7/12	2006/1/5	2006/4/10
客户定点	◆				
数据冻结		◆			
OTS样件认可			◆		
SOP				◆	
项目移交					◆

图 3.6　CW公司某项目里程碑图

如图3.7所示，同甘特图一样，先将客户的时间节点展示在第一行，然后按此节点为前提排各项任务的时间节点。该表是在Excel软件中编制的，编制方法相对简单直观。该时间进度表只是截取了其中的一部分，横向第一行表示按日历年排的时间，纵向的每一行描述的是项目开发所需展开的主要活动内容。“☆”表示客户的时间节点，“△”表示关键活动的时间节点，批注框中是对每个节点定义的解释，“—”表示活动进行的周期长短。

甘特图显示的信息非常全面，也相对复杂，视图的左边用工作表显示信息，右边则用图表显示信息，工作表可以将项目的任务结构显示清楚。其最大的特点是可以通过链接任务，在任务之间建立顺序的相关性。在链接任务时，可以看到一项任务的工期更改是怎样影响其他任务的开始和完成日期，以及整个项目工期的。可以通过将计划和实际的开始日期、结束日期之间的比较来做任务完成比例的跟踪，是一种很好的时间管理工具。

日期法图表最大的特点就是很直观，适合用于目视化管理。目视化管理起源于日本制造业，是5S的延伸。目视化管理的特点是要求简单明了，确保项目组的所有成员都能看懂，并按此执行。用日期法图表展示进度时，也用到工作分解图WBS的原理，一个为期两年与主机厂同步开发的产品用两个层次的日期法图表即可。如一个主日程，包括大约20～25项任务（如果太多则显得烦琐而不利于目视化），如以上图表是CW公司的主日程，任务总共有21项，包括：制造（生产）计划、模具准备计划、生产设备准备计划、检查设备准备计划、防止缺陷再发计划、材料验证计划、规格（尺寸）验证计划、检测设备可靠性验证计划、颜色/纹理/光泽等外观验证计划、作业员培训计划、重点外

某项目计划
零件号
零件名
供应商
零件号变更
首次编制
内容
日期
确认部门
OEM
批准
确认
编制
编制部门
备注
项目
日程
顾客关键里程碑
供应商生产计划
试制、加工
品质确认
检查数据
模具准备计划
设计制作
试制
改造
出货评价
到达实地
生产设备准备计划
实地调试
量产
检查设备准备计划
检具
QA机器
防止以往缺陷再度发生检证计划
拆散分解检证计划
规格试验检证计划
认定
品确1
品确2
量产

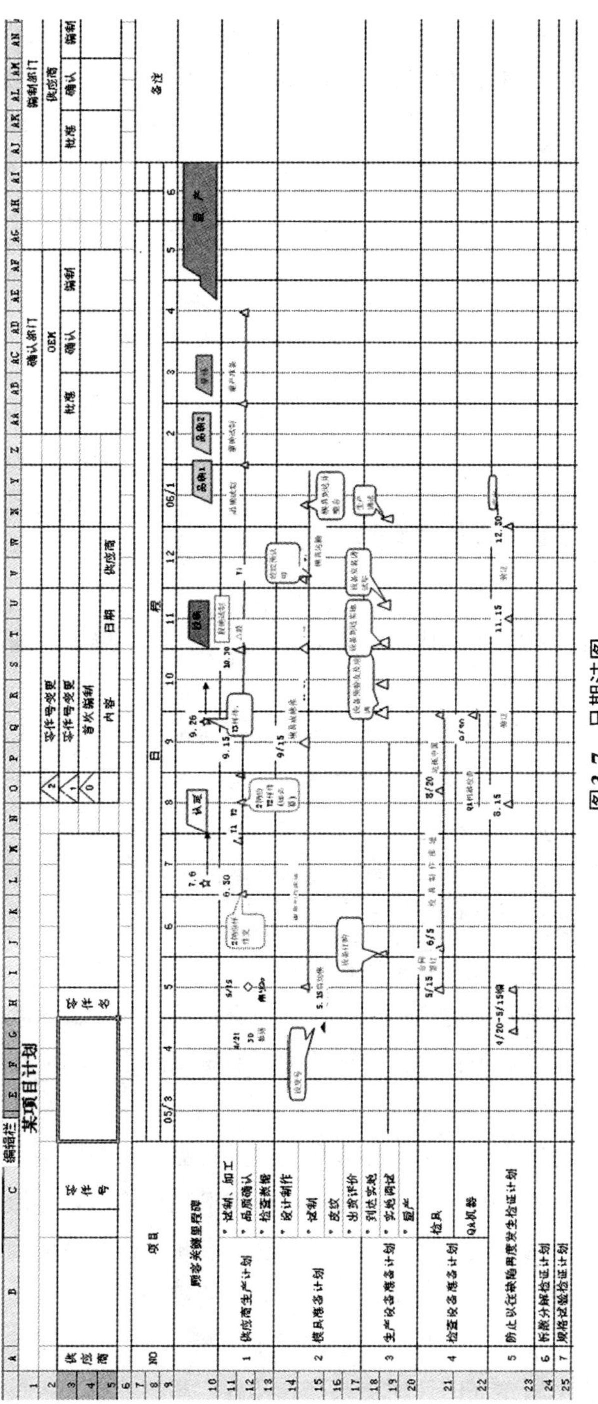

图3.7 日期法图

购件跟踪计划、FMEA（失效模式与后果分析）展开计划、FTA（失效树分析）展开计划、防止不合格品流出计划、包装/运输验证计划、批次管理计划、作业指导书编制计划、检验指导书编制计划、生产件批准计划等。每一项主日程计划，又可将其行动任务展开用详细的进度计划来作指导。如模具准备计划会被模具供应商分解出详细的任务，包括模具结构设计、原材料准备、模具加工、研配、试模、验收、运输等。

每个项目可根据各自公司的文化特点，选择不同的图表法来制定时间进度表。

四、时间进度控制

为了确保对项目活动及其相关信息进行有效控制，以确保满足客户各阶段时间节点的要求，应该做到如下工作：

应确定进度表修订的时间安排及数据收集的频次。

应识别、分析与进度表计划的差异，如果差异太大或对客户的节点造成了影响，则应对其采取行动措施。

在进度评估及其会议上，应使用最新版本的进度表。

项目经理应按项目计划的规定，定期实施项目进度评审。

为了预测风险和机会，应将项目进展趋势与后续工作放在一起加以分析。

应识别进度偏离发生的根本原因，包括有益偏离和无益偏离。应采取措施确保无益偏离不会影响项目目标。有益和无益偏离的原因均应作为持续改进的依据。

应确定进度更改可能对项目预算和资源及产品质量的影响。

应在考虑到可能对其他项目过程和目标的潜在影响后，再做采取措施的决定。影响项目目标的更改在实施前应得到客户及相关受益者的同意。

当需要采取措施防止项目延期时，应规定所需的人员及其作用。进度表的修订应与后续工作计划中的其他项目过程相协调。

应将进度表中所建立的任何更改都告知客户和其他相关人员。当更改对客户和相关人员有影响时，则应让其参与决定。

进度控制的输入是项目进度计划表，进度监控绩效、变更申请。进度的监控可用项目例会评审的形式来监控，一般历时 2 年的项目至少每周一次例会，项目任务紧张时，也可一天一次例会。例会的议题之一就是要评审各项任务在该周期内是否完成，未完成对其他任务的影响，补救措施有哪些。将进度监控绩效的实际完成日期输入进度计划表，OFFICE 软件就会自动计算任务完成的百分比，见图 3.5。如用日期图表法来监控进度，需要用不同颜色和线条在原目视板上进行描绘，对未按期完成或变更处需用特殊记号描绘，并配以行动计划在目视板上进行说明，见图 3.8。

（1）模具制造在 9 月 15 日完成了，用黑色粗线描绘展示；

（2）检具制造在 8 月 20 日也完成了，用黑色粗线描绘展示，但检具运输不能在 9 月 30 日完成，根据项目评审和行动任务补救，新制定的时间节点是 10 月 24 日抵达目的地，则用红色线条进行，并将目标日期备注。

实际进度控制中，除了合理地运用方法与工具，还要具备三个“一”：

一种精神：要有背水一战的拼搏精神。项目的进度受很多因素的影响会导致不能如期进行，如果不具备这种坚强的拼搏精神，团队成员在遇到具体问题时就容易妥协，结果造成项目的交付延期。

一个信心：一定要具备必胜的信心，才能如期完成项目。信心是成功的法宝，它可以使人最大限度地激发潜力，超常发挥，提前完成承担的工作任务。如某项目组在交付第三次工装样件时，试制屡试屡败，国外寄回的部件眼看就不够了。项目组团队成员认为，这次肯定不能按期交付了。项目经理立即召集团队成员开会，让大家有信心，一起群策群力。最终，产品、工艺、手工样件工程师在原有产品上连夜返工，在凌晨用专车将产品送到了客户的装车现场。

一个信誉：做项目时，一定要本着对客户负责，维护公司在客户处的信誉。如 CW 公司某项目组在第一次做大项目时，即将要交付 ET 样件，模检具都在国外，而试模零件到达公司的时间是腊月三十（中国最隆重的节日），公司总经理/常务副总经理为保证客户的交付进度和质量要求，带领全体项目组在公司以快餐当年夜饭，利用春节假期将首次的 ET 样件赶制出来，没有延误客户的整车装车时间。在客户处维护了良好的信誉，让客户很感动，这为后期

Microsoft Excel － 日系进度计划示例
NO
项目
业务区分
境外
中国
实施计划日程
05/3
顾客时间节点
7.6
认定
9.26
段确
品确1
1 供应商生产计划
试制、加工
品质确认
检查数据
2 模具准备计划
设计制作
试制
纹
出货评价
模具制作推进
5.15启动模具制作
3 生产设备准备计划
到达实地
实地调试
量产
设备机订购
4 检查设备准备计划
检具
QA机器
5/15
6/5
8/20
10/24
9/30
QA机器检查
5 防止以往缺陷再度发生检证计划
4/20-5/15编写
8.15
11.15
12.30
完成
表三

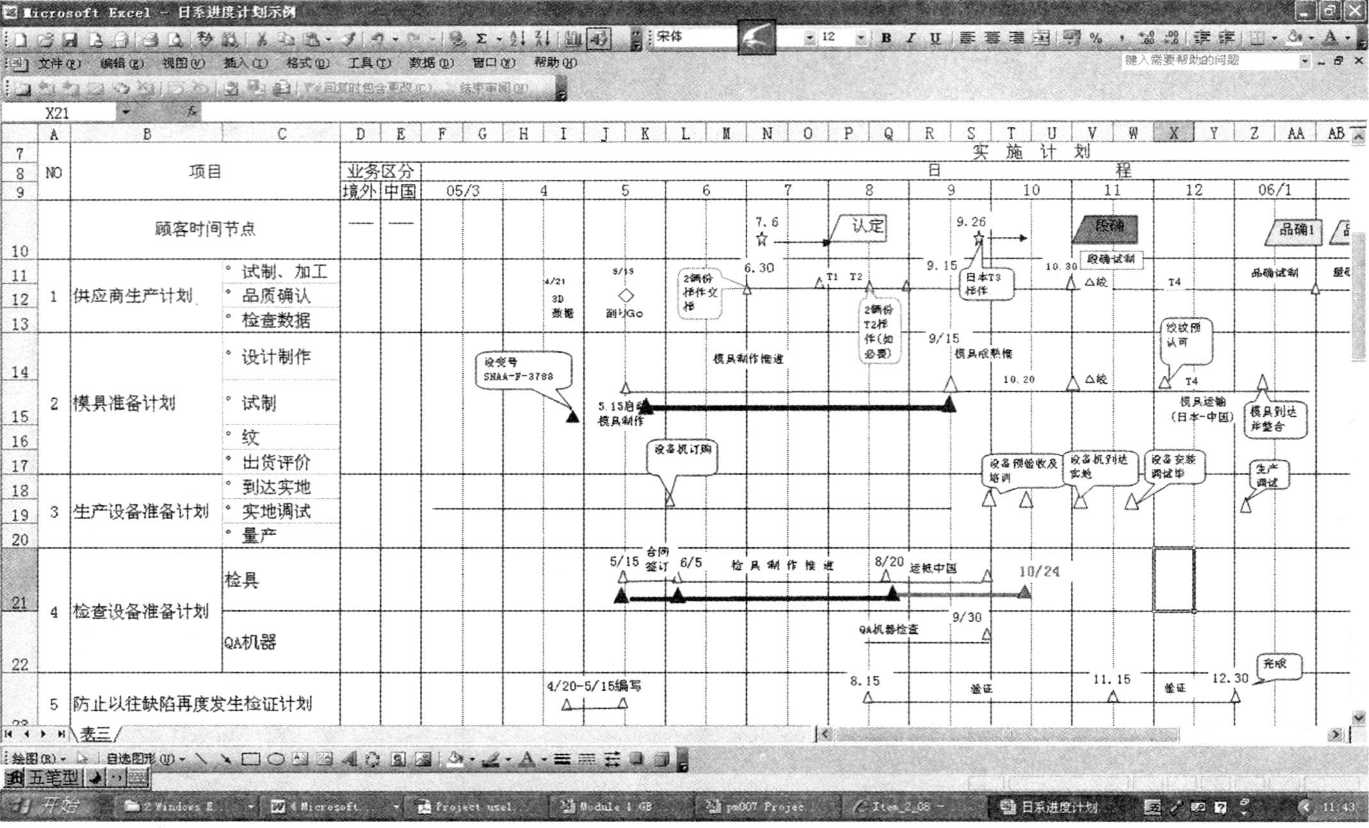

图3.8

的新项目的再次获得奠定了基础。

以上三个“一”会体现出一个结果：项目团队每个人都积极发挥各自岗位职责的作用，按节点完成每项任务，就能确保项目总的时间节点，最终满足客户时间进度和交付的要求。

第四章　项目管理的“三个原则和四个意识”

一、三个原则

（一）时间节点推进（Time Driven）

根据客户的项目时间节点的计划要求，分解制定项目各阶段的时间节点的计划要求，乃至包括各个任务的时间期限要求，并要求项目组每一个成员在项目开发全过程中必须严格遵照执行，以确保满足客户的时间节点要求。

（二）问题清单监督（Issue Focused）

项目经理对项目开发过程中产生的问题（质量问题、工程技术问题、供应商问题、生产启动问题、商务问题、成本问题等）所提出的清单，并在每次项目会议上逐一落实责任人、整改措施、关闭的时间节点等，以规避项目开发过程中存在的风险。问题清单监督由项目经理负责。

（三）依照数据运作（Data Based）

项目管理中，许多决策是与数据息息相关的，比如时间、成本等。根据客户的要求和项目预算指标的要求，需要将项目质量指标、财务指标、进度指标进行量化，以便项目组有一个明确的目标，使项目组能在各个阶段依照目标的要求实施控制，并达成各项指标的要求。

二、四个意识

（一）商务意识（Commerce）

建立以客户为导向的项目管理机制，对客户提出的要求能够做出快速反应，满足客户的需求，并能把握机遇，规避风险，控制成本，提高项目的盈利能力。

（二）沟通意识（Communication）

项目管理是衡量与计划开支有关的所有工作和所用资源的一个不间断的过程。这些工作完全依靠有效的信息沟通，最重要的衡量手段是：所耗时间、所花金钱、所用人力资源、所用原材料和其他物资资源。而能否进行有效的内部、外部沟通是判断项目团队是否具备高工作绩效的重要标准之一。对于有效沟通，经典的文献定义包括，信息的交流、传递信息的行为或口头或书面信息、有效表达想法的技巧，在人与人之间通过一般的符号系统交换意见的过程等内容。

项目需要有效的沟通，以确保团队成员在适当的时间以较低的代价，使正确的信息被所需要的人获得。而在项目团队的建设过程中，要进行有效的沟通，先进的沟通设备、多元的沟通渠道、直接的沟通形式、开放的沟通环境、情感上的交流都是必不可少的。项目沟通还要求项目经理花费大量的时间与项目团队、客户、供应商和公司高层等进行有效的沟通。

沟通意识就是处在项目关系网络中的项目成员为了项目的顺利进行有主动自觉沟通的动机，并且掌握沟通的方法，以提高沟通的效率。

项目成员要能够认识到可以采取不同的沟通方式进行沟通，如口头沟通、书面沟通、非语言沟通和电子媒介沟通等，并合适地使用不同的沟通方式。要能够区分不同沟通模式，正式渠道和非正式渠道的利弊，合适地选择沟通方式。

在项目沟通过程中，各种障碍的存在会导致信息传递和反馈机制的不畅通，从而影响信息沟通的有效性和项目的顺利进行。这些沟通障碍不仅来自于个人的洞察理解力、个性、态度、情感、偏好和知识经验水平，而且还受到组织结构的设置和沟通渠道的选择等因素的影响。这就需要项目成员在一定程度上了解并掌握相应的沟通技巧。

交流沟通的核心不是语言，而是理解，人们不仅需要被理解，同时还需要理解别人。善于聆听是有效沟通的一个技巧，而善于表达则是另一个技巧。

（三）汇报意识（Reporting）

在项目开发过程中，项目组成员应该向项目经理及时汇报履行本职工作情况和完成项目经理交办的任务情况；项目组成员作为各职能部门的代表，在重大变化、风险、机会等事项上应及时向本部门经理和项目经理汇报；项目经理在遇重大和紧急事项时应及时向公司高层领导汇报；同时，项目经理对项目进展情况应定期或不定期向客户进行汇报。

（四）服务意识（Service）

成功的项目管理者认为：对完成项目目标至关重要的是人，而不是程序和技术。程序与技术仅仅是协助人员做好工作的工具。如同画家为完成一幅画需要颜料、画笔和画布，但这些工具只有通过与画家的技能和知识结合才能完成一幅画。这个原理同样适用项目管理，具有技能和知识的人员是项目成功的关键。如何让这些人员发挥其潜能呢？项目管理的计划、组织和控制是必要的，但这还不够，为了提高项目相关人员的士气，调动他们的积极性，还必须有服务意识，做好服务工作。在服务中就要做到“三个面向”：面向客户、面向项目团队和面向制造部门。

（1）面向客户的服务。客户是上帝，项目所做的所有工作就是为了客户满意，项目团队成员所做的工作都要确保客户满意。所以，项目团队成员面向客户的态度某种程度上可以决定项目的成败。技术人员以指点江山的专家姿态面对客户还是以帮助客户解决问题的技术服务姿态去面对客户，是决定项目成败的一个关键因素。因此项目管理中树立服务意识首先需要建立项目团队对客户的服务意识。

（2）面向项目团队的服务。在项目中，下一道工序是上一道工序的客户。有一家著名的公司提出：公司中每一个人都要寻找你的服务对象并真诚为其服务，如果你找不到你的服务对象，那就意味着你该离开公司。如一个带设计的项目中，模具工程师和工艺工程师是设计工程师的客户，如设计工程师在进行设计时不考虑模具和工艺工程师的要求，设计的产品就无法开模具或无法通过可行的工艺制造出来。如果模具工程师只考虑模具结构的简化不愿意承担因改模带来的麻烦，有些缺陷就不能通过工艺调试得到解决，造成生产成本的上升。因此，项目团队要提高效率，减少摩擦，需要在团队内树立替下一道工序着想，为下一道工序服务的意识。

（3）面向制造部门的服务。同样的道理，项目团队在项目结束后，要将项目移交到制造部门，制造部门的需求是什么，项目组应主动了解，并将其要求作为整个项目的下序（客户）来对待。这样才能使接受的制造部门满意，确保项目的成功。

例如，在项目阶段，客户处于样件和爬产阶段，内部生产节拍没有任何问题，每个操作工都很仔细地完成了手头的工作，合格率就很高。项目移交给制造部门后，客户的订单与节拍上升，按原有的项目阶段的设计节拍根本无法满足客户的交付，产品合格率也直线下降。这就是因为项目团队未考虑制造部门后期的要求而导致的结果。

第五章　项目管理的组织保障

团队领袖要营造一个轻松的工作气氛

任何事情的成功都需要组织的保障，由于项目本身的独特性，需要相应的项目组织作为项目实现的保障。这里的项目组织是指为完成特定的项目任务而建立起来的，从事项目具体工作的组织。该组织是在项目寿命期间内为完成特定的目标临时组建的组织、是暂时的。项目组织与其他组织一样具有良好的领导、计划战略、内外沟通、人员配备、激励机制以及积极向上的组织文化等。

一、项目组织的特点

项目是一次性的活动，客观上同样存在着组织设计、组织运行、组织更新和组织终结的生命周期，要使组织活动有效地进行，就需要建立合理的组织结构。因此项目组织具有它自己的特点。

（一）项目组织都有生命周期

项目组织与项目一样有其生命周期，要经历建立、发展和解散的过程。项目组织是具有生老病死规律的有机体，不可能长盛不衰。例如，项目创意组织可能是某个咨询公司或机构中的一个研究小组，甚至个人。项目组织是在不断地更替和变化的。组织的一个基本原则是因事设人，所以应根据项目的任务设置机构，因岗用人，并根据项目工作的需要及时进行调整，甚至撤销。

（二）项目组织具有柔性

项目要有机动灵活的组织形式和用人机制，即所谓的柔性。项目组织不能成为“来了走不得，定了变不得，不用去不得”，变成一个迟钝、僵化、无生命的机体。项目组织的天性还反映在各个项目利益相关者之间的联系都是有条件的、松散的；他们是通过合同、协议、法规等结合起来的；项目组织不像其他组织那样有明晰的组织边界，项目利益相关者及其有关成员在某些事务中属于某项目组织，但在另外的事务中又可能属于其他组织。此外，项目中各利益相关者的组织形式也是多种多样的。

（三）组织目标单一，工作内容包罗万象

项目组织的目标很明确，即进度快，质量好，费用省。为实现这一目标，需要进行的工作内容却十分复杂，是一个纵横交错的系统工程。从纵的方向看，项目组织既要与上级主管部门保持联系以取得指导和支持，又要对客户和供应商搞好协调工作。从横向看，项目组织要妥善处理好与公司内部各部门的

关系，如工程技术、采购、质量、人事、商务、财务、制造等部门的协调和沟通。因此，要有计划、有组织地处理好各种横向与纵向关系，争取得到各方面的理解、支持和配合，使项目能够按预定计划顺利实施和完成。

（四）项目组织具有一次性的特点

项目组织与其他组织（例如政府机关、军队、医院或学校）不一样，具有临时性。一般说来，项目完成之后，项目组就解散。有些项目组虽然不解散，由原班人马或经过改组继续承接新项目，或将完成的项目投入使用，自己成为永久性的经营者。但从项目管理的角度来看，改变了任务的项目组织是一个新的组织。在所有项目组织中，其成员的身份都是临时性的，很少有人视项目组织为自己的长久归宿。因此，项目组织具有一次性的特点。

（五）项目组织讲求专业化

专业的人员干专业的事，专业化可使成员提高工作效率，提高熟练程度。但专业化需要付出相应的代价。专业化也有一个极限，即一个人所能忍受的工作单调性程度。分工和专业化产生了协调问题，项目组织是解决这个问题的有效工具。项目组织内人员必须协调一致，整合组织内个体行为，以求效率最大化。

（六）项目经理的权威性

项目经理的权威有助于贯彻命令和形成组织凝聚力。统一指挥可避免因政令不一而造成的推诿和扯皮。

二、项目组织机构

项目组织应精干高效。项目组织体系必须精干，成员少而精，讲求实效。要广纳各方面的优秀人才形成合理的项目组织结构，使组织迸发出巨大的能量。

项目经理是项目组织的关键。目前，国内外都在实行项目经理责任制，项目经理是组织指挥现代项目的核心，是项目组织的关键。因此选聘好项目经理，是项目组织工作的重要任务。

根据项目的特点，项目组织基本框架图见图 5.1，而有些公司为了提高其对市场的反应能力和高效率，通常会做一定程度的调整。

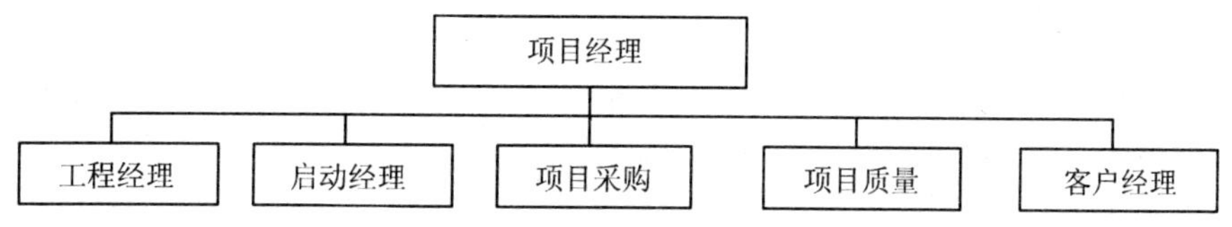

图 5.1　项目基本框架图

图 5.2 为 CW 公司以客户为导向的业务组织化结构，它保证了该公司的快速反应能力和高效率。该公司作为一个中外合资的企业，他们的典型项目组成员分为 5 类，分别是项目管理类，质量控制类，产品工程类，工艺类和生产启动类（见表 5.1）。具体情况可根据项目实际需求对人员进行调整。

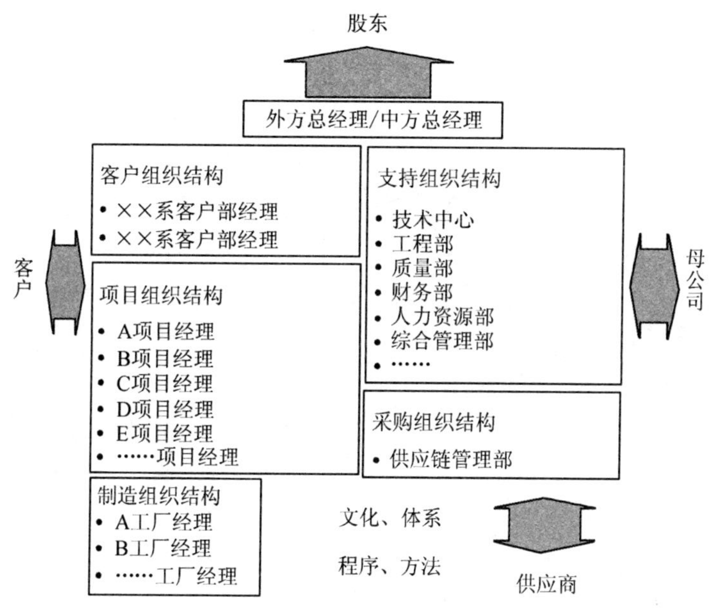

图 5.2　CW 公司以客户为导向的组织结构图

表 5.1 典型项目组人员名单

项目管理类		质量控制类		产品工程类		工艺类		生产启动类	
1	项目经理	1	项目质量工程师	1	产品设计工程督导	1	工程经理	1	生产启动经理
2	客户助理	2	检具工程师	2	产品工程师	2	工艺工程师	2	现场工程师
3	采购工程师	3	测试测量工程师	3	设计工程师	3	模具工程师	3	工艺员
4	供应商技术保障工程师	4	供应商质量管理工程师	4	CAD 工程师	4	物流工程师	4	班组长
5	业务规划师			5	材料工程师	5	系统工程师	5	维修工程师
6	财务分析师			6	CAE 工程师	6	平面布局工程师	6	培训工程师
7	报价工程师			7	更改控制协调员	7	设备能力分析工程师	7	质检员
8	项目协调员					8	工时定额工程师	8	生产计划员
9	项目行政助理					9	工位器具和包装工程师	9	库房管理员
10	翻译					10	设备工程师	10	培训工程师
						11	动力工程师	11	安全工程师
								12	环保工程师
								13	基建工程师

按照这种组织模式，项目经理主要领导五大成员，分别为工程经理、启动经理、项目采购经理、项目质量经理和客户经理。组织结构图如图 5.3 所示。

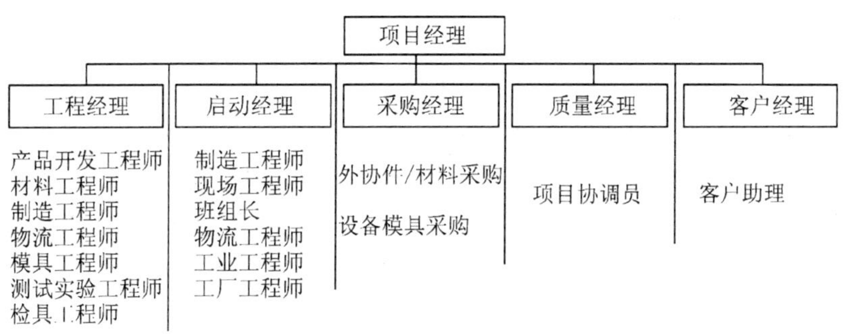

图 5.3　项目经理领导组织结构图

项目组并不是孤立存在的，它和公司各职能部门相互联系，构成了一种所谓的矩阵式组织（见图 5.4）。

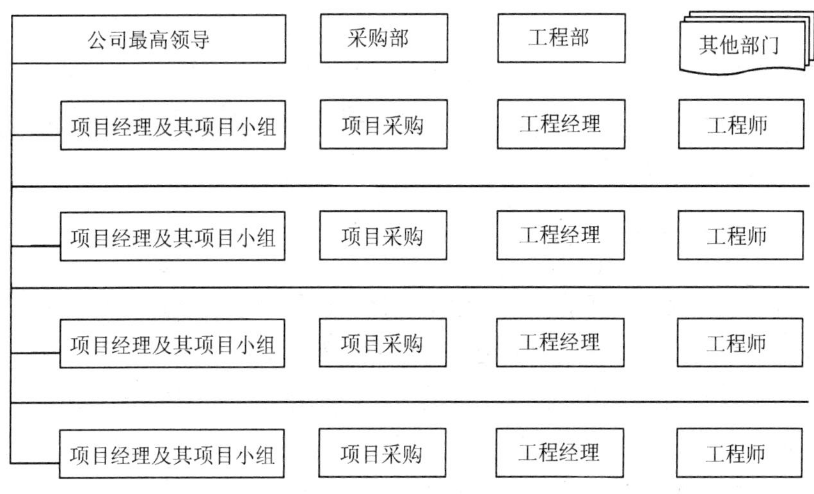

图 5.4　各职能部门与项目组的关系

（1）各职能部门派往项目组的人员是该部门驻项目组的“特命全权大使”。

（2）各职能部门经理对项目相应的职能负有全部的责任。

三、项目经理

项目经理是项目团队的灵魂，是项目实施的最高领导者、组织者、责任者，也是项目实施成功与否的关键人物。项目经理有时又称项目负责人、工程主持人、总指挥、课题组长等。他的管理素质、组织沟通能力、知识结构、经验水平、领导艺术、责任心，甚至身体素质等都对项目管理的成败具有决定性的影响。

项目经理是参与项目有关各方协调配合的桥梁和纽带，处在项目各方的核心地位。项目利益相关者参与项目的动机和目的不同，在努力实现各自的目的时，会发生利益冲突，偏离项目目标，甚至妨碍最终目标的实现。项目经理要负责沟通、协商，解决各种矛盾、化解冲突和纠纷。因此，他对于这些冲突应具有敏感性和洞察力，对产生冲突的原因具有高超的分析能力，善于调和分歧，善于分析实现这些项目目标而使用的各种方法的利弊，并将各方的努力统一到实现项目目标上来。他必须引导项目以最好的方式达到目的，同时，尽可能地满足项目参与各方的合理需要。总之，项目经理所扮演的角色是任何其他人不可替代的。

（一）项目经理的角色

项目经理是项目委托的代表，他是项目全过程管理的核心，也是项目团队的领导，还是项目有关各方协调配合的纽带。大量实践证明，一个强的项目经理领导一个弱的项目小组，比一个弱的项目经理领导一个强的项目小组成效更显著。项目经理就像企业的CEO，对项目承担主要责任。曾经有人给项目经理下了一个特别的定义，认为项目经理像医生一样，必须是一个诊断专家，他必须确保他的项目免受疾病的传染，而对项目已经染上的疾病，他必须对征兆进行检查，诊断病因，并开出治疗处方。

几乎所有的项目都离不开各有关方（组织或个人）的参与。项目有关各方参与项目的动机、目的和重点是不同的，对项目的期望和投入也不同，在项目进展过程中，很难做到步调一致。因此，项目经理必须在实施项目的过程中充当多种角色，确保项目的全部工作在项目预算范围内按时、优质地完成，从而使客户满意。

项目经理承担的最主要角色有：

1. 领导者/决策者

项目经理是一个项目团队的最高领导，也是项目管理和执行工作的决策者。在项目实施过程中，项目经理需要确定项目各阶段的目标、范围和任务；在平时，项目经理必须能够在遇到问题时予以及时解决，能够指导来自不同职能部门的人员，领导全体团队成员开展工作，并适时地进行项目团队的激励，调动大家的工作积极性。同时，项目经理必须能够适时做出正确管理决策，包括资源分配、进度和费用的权衡、项目实施效果的评价，以及变更事项的范围、方向或性质、风险判断等方面的问题。

2. 计划者/分析师

项目经理是一个项目的主要计划者和项目分析师。虽然一个项目团队会有自己的项目计划管理人员，但项目经理是各阶段计划的主要构思者、制定者和审批者，项目计划管理人员只是计划的辅助者，承担工作计划或作业计划的拟定。同时，项目经理又扮演着项目分析师的角色，在项目的计划和安排过程中，他必须全面地分析项目或项目阶段所处的外部环境和内部环境，分析这些环境可能给项目或项目阶段所带来的风险和机遇，深入地分析项目或项目阶段所需要的各种资源，综合地判断项目或项目阶段所面临的各种风险，并制定应对这些风险的措施，以保证项目各阶段工作顺利完成。

3. 组织者/合作者

项目经理既是一个项目的组织者，又是一个项目的合作者。项目经理在整个项目的实现过程中扮演组织者的角色，根据客户制定的项目目标，他要组织足够的人力、物力和财力资源，设计项目团队的组织机构，合理安排团队成员的工作。同时，作为合作者的项目经理还要与项目团队的全体成员合作，与所有的与项目相关的客户和供应商合作。除了项目内部组织工作外，项目经理还要组织客户和供应商参与项目实施过程。

4. 沟通者/利益协调者

项目经理是项目过程管理的核心人物，在项目发展和全过程管理中发挥重要作用。项目实施过程有不同的组织与个人参与，这就会面临大量的矛盾与冲突，要很好地解决这些问题，沟通与交流首当其冲。项目经理是关键的沟通者，他处于全体项目成员的中心位置，如果项目经理不能及时解释和传递相应信息，就会引起一些误解，妨碍项目的顺利进行。因此，一方面项目经理应当充分地与全体团队成员进行沟通，努力营造有利于项目成功的氛围；另一方面项目经理要善于在客户与供应商中斡旋，平衡各方面的利益，减少矛盾与冲突。

5. 监督者/控制者

项目经理另一个主要的角色是项目的监督者和控制者。作为监督者，项目经理要随时掌握项目实施各方面的进展情况，并客观衡量和评价一个项目或项目阶段的质量、进度、成本和利润的实际绩效，及时评价和判断各种偏差的性质及其对于项目未来的影响等；如有必要，及时做出调整和纠偏的决定，采取有效措施，确保项目朝着既定目标发展。同时，作为项目的控制者，项目经理需要按照项目目标制定控制标准，组织全体项目组成员按控制标准执行，并进行考核。

6. 创新者/企业家

项目管理具有一次性的特征，它客观上要求项目管理者进行管理创新。不存在一种项目管理模式适合于所有的项目过程。项目经理是项目管理创新的设计者和实施者，只有针对各个项目的具体特点，创造性地建立一套管理制度与方法，行之有效地加强管理，才能提高各项目的绩效和实现项目预期目标。项目的运作管理过程近似于企业管理过程，需要发挥项目经理的企业家精神。实践证明，项目经理的事业心、责任感、风险意识、倾力投入是项目成功的关键因素。

（二）项目经理的设置

项目经理是企业法人在项目上派出的全权代表，这就决定了项目经理在项目管理中的中心地位。项目的类型很多，有工艺技术研究项目、产品研发项目、自动控制工程项目、技术改进项目、投资建设项目等。项目的类型不同，项目的组织方式也不同，管理方法各异，项目经理的设置也存在一定的差别。

由于项目大小不一，组织管理的复杂程度不同。因此，项目经理及其项目组成员的组成及人数不可能有统一的标准组织模式，应视具体情况而定。

（三）项目经理的职责

项目经理应确保全部工作在既定的资源和成本的约束下，按时、优质地完成，从而使客户满意。项目经理的职责就是进行项目的计划、组织和控制，以实现项目的目标，在满足客户需求的同时，为本公司实现利润。简单地说，项目经理的职责就是领导项目团队实现项目的目标，就是协调团队成员的活动，使他们成为一个高效统一的整体，有效地完成各自的工作。

一般来说，项目经理的职责包括对内职责和对外职责。

1. 项目经理的对外职责

（1）成功实现项目目标，争取客户的最大满意度。这是项目经理的根本职责。他的一切工作，包括组织团队、制定计划、控制管理、实现有效沟通等都要以此为核心。

（2）不断开拓团队生存的外部空间。项目经理要努力为整个团队的工作、为整个项目目标的实现，协调好团队与公司各职能部门的关系，营造出一个有利于团队发展和项目运行的良好环境。

（3）负责对外谈判。项目经理可以直接参加谈判，但更主要的责任还是要做好谈判的组织管理工作，并对整个谈判小组的工作及谈判结果负责。

（4）对客户应支付的费用负责。按合同或设计变更的协议，确保客户按时向公司支付应付的费用，这也是项目经理的一项重要的对外职责。这项工作可以由项目经理直接去做，也可以由团队中的其他成员去完成，但项目经理必须对此负责。

2. 项目经理的对内职责

（1）确定项目目标。为了确保项目尽可能地一次性成功，满足客户需求，项目经理需要根据具体情况确定项目的总目标和阶段性目标。目标明确之后，项目经理才有了进行后续工作的依据。如组织团队、制定计划等，都要围绕项目目标来进行。

（2）组织项目团队。在组织团队的时候，项目经理首先要获得足够的人力资源，然后再选择合理的组织形式和组织结构，使项目团队运转顺畅。其次要明确项目团队中费用、进度和质量的控制者及其责任，使项目的控制落到实处。最后还应对项目不同部分之间的接口进行协调，以实现各方面的有效沟通。

(3) 报告工作意图。向团队成员报告项目目标和自己的工作设想，一方面可以展示自己的领导能力，树立自己的威信；另一方面也是项目经理今后工作发展的第一步。及时做好工作意图报告，是对项目团队中全体成员的激励，也是做好项目的一个良好的开端。

(4) 制定并执行计划。在制定计划的过程中，项目经理可以集合团队成员来共同完成。计划要尽可能详尽，要充分发挥各种资源的作用。计划一经制定，各方面都要严格按照计划实施。

(5) 负责资金的到位。项目经理要保证项目和项目管理资金需要的满足，取得应当由团队使用的款项，确保团队有足够的资金。同时，项目经理还要使资源在团队内部得到合理的配置。

(6) 负责组织并提出项目报告。项目经理要向客户和上级提出项目报告，反映项目进展中遇到的困难和问题。这并不是说这些工作全部都要由项目经理亲自去准备，而是说项目经理要对项目报告负责。项目经理不可能对每一个问题的全部细节都了如指掌，但对一些关键性问题应该掌握清楚，做到心中有数。

(四) 项目经理的素质

项目经理对项目具有重要的作用，人们对他的知识结构、能力和素质的要求也越来越高。实践证明，仅具备单方面或部分能力的专业人才是难以胜任项目经理工作的。项目经理不仅应具备一般领导的素质，还应该符合项目管理的特殊要求。按照项目和项目管理的特点，项目经理的基本素质是各种能力的综合，这些能力是项目经理有效地行使职责，充分发挥领导作用所应具备的主观条件。出色的人际交往能力、领导能力、培养与训导员工的能力、果断的决策能力、处理压力和解决问题的能力、非凡的沟通技巧以及管理时间的技能等，这些都是一个有成效的项目经理所必备的。

1. 人际交往能力

项目经理与项目团队中的每位成员都要建立一种良好的关系。可能有人认为这毫无用处，只会浪费时间，但事实上并非如此。与项目团队的每位成员及客户组织中的有关核心人物进行非正式的会谈和交流，确实需要花费时间，但项目经理可以利用在工作过程中或工作之余的时间来组织这类会谈。

项目经理所具备的良好的人际交往能力会影响其他成员的思想和行为。项目开发过程中，项目经理要与客户、项目团队和公司的高层进行协调工作。一般情况下，不能以偏激的方式来运作，只有通过良好的人际关系，才能产生预期的良好效果。

项目经理也需要具备良好的人际关系和交往能力，来处理团队成员之间的不和谐与分歧。这种情况需要项目经理精心巧妙地应付，并拿出一个调解方案，要做到既不使相关人员丢面子又不影响项目工作。

2. 领导能力

项目经理是通过项目团队来取得工作成果的，其工作主要是激励项目成员齐心协力地工作，以成功完成计划，实现项目目标。

有效的项目管理需要采取参与和顾问式的领导方式。项目经理以这种方式为项目团队提供导向和教练作用。这种方法较之等级制的独断和指挥性的管理方式更行之有效。领导作用要求项目经理提供指导性的指挥工作。项目经理所需做的工作是制定准则和纲要，然后由项目队员自己决定怎样完成任务。领导有方的项目经理从不教导人们怎样做工作。

项目的管理工作需要项目成员的参与并对其授权。项目经理要使成员参与到那些涉及自身利益的项目的决策中去，并在自己的职责范围内拥有决定权。这样，他们会承担责任，不辜负信任，按时在预算范围内开展工作。

给成员授权，让他们可以做出与其工作相关的决策。同时，项目经理应制定一个明确的纲领，如果合适的话，还应包括一些限制。

3. 人员训导能力

成功的项目经理会对项目成员进行训练和培养。他们将项目视为每个成员增加自身价值的良好机会，这样，每个成员在项目结束时，就拥有了比在项目开始时更全面的知识和更强的竞争能力。项目经理应创造一种学习环境，使员工能从他们所从事的工作中，从他们所经历或观察的形势下获得知识，他应经常就自我发展的重要性与团队交流意见。为鼓励这样的活动，要在项目团队会议上论述自我发展的重要意义。另外，可以在开始分配项目任务时约见团队成员，鼓励他们根据自己的任务去扩展其知识和技能。优秀的项目经理应相信所有成员对组织都是有价值的，他们通过不断的组织学习，可以做出更大的贡献。通过鼓励成员积极进取，项目经理还可以突出强调自我提高的意义。

有能力的项目经理会鼓励成员进行创新、承担风险、做出决定，这也是学习和发展的良机。他们承认在学习和发展过程中，犯错误是难免的，但他们不会制造失败的恐惧。项目经理应尽可能给成员分配很全面的任务，使他们的知识在一定历史条件下得到超常发挥，创造性地完成任务。

另外，有经验的项目经理还常常鼓励阅历不足的成员向经验丰富的成员学习。项目经理培养成员的最后一种方法是让新手参加正式的培训课程。

4. 决策能力

杰出的项目经理必须具有果断及时的决策能力。决策就是在某种工作方针的各个选择方案中做出选择。决策是计划工作的核心，如果没有决策能力，即没有对资源进行调配以及对信誉的承诺，那么计划的目的也就不存在了。到那时，只能说是对计划工作进行了研究和分析。有时，项目经理把决策当成他们的中心工作，因为他们必须不断地对诸如做什么、谁去做、何时做以及如何做等问题做出抉择。然而，制定决策只是计划工作的一个步骤，事实上每个决策都必须与另一些计划相衔接，所以不能孤立地去判断某项工作正确与否。

5. 处理压力和解决问题的能力

当项目工作陷入困境或因为成本超支、计划延迟，以及设备和系统的技术问题而无法实现目标，以及当客户要求变更项目范围或团队内就某一问题的解决方案而产生争议时，压力可能会更大，有时甚至会使项目进度变得紧张迫切。这时，项目经理不能急躁，他们必须保持冷静。有成效的项目经理应能够应付不断变化的局势，因为即使是经过精心拟定的计划，也会遇到不可预见的情况，而影响项目的进度和成本。项目经理要保持镇定冷静，使项目团队、客户和公司高层不因项目遇到的挫折而陷入困境。在某种情况下，项目经理要在项目团队与客户或团队与公司高层之间起缓冲作用。如果客户或公司高层对项目进程不是十分满意，项目经理要承担责任以免使项目团队受到打击。在与项目团队就不足之处进行沟通时，要用一种激励的方式来鼓励他们迎接挑战。当然，项目团队有时也会抱怨客户的要求或不愿做出变更，这时同样要求项目经理充当缓冲器，把这些埋怨装在心里，然后将其转化为需要团队成员克服的奋斗目标。

项目经理要有幽默感。如果运用合适，幽默能帮助项目经理减轻压力，打破僵局。由于项目经理要为团队树立典范，向人们展示哪些行为是被允许的、哪些行为是不被允许的，所以一切幽默都应是健康向上的。

项目经理应经常锻炼身体，保持健康体魄，以增强处理压力的能力。项目经理也可为团队组织一些活动，如拓展活动、球类比赛或爬山运动等，使项目团队从压力中解脱出来。

项目经理还应是个解决问题的专家。好的解决问题的方法首先是要及早发现问题或发现潜在问题。及早发现问题，就会有充足的时间设计成熟的解决方案。另外，如果及早发现潜在问题，解决问题的花费会少一些，对项目其他部分的影响也会小一些。

项目经理要鼓励项目团队成员及早发现问题并独立将其解决。如果一个问题很严重并可能影响到项目目标的完成，团队成员就要提前与项目经理交流有关情况，以便项目经理能带领大家一起解决。一旦发现了这样的问题，项目经理可能需要更多的资料并进行询问调查，澄清事实，从而弄清问题的实质及其复杂性。然后，项目经理应向团队成员询问一些如何解决问题的建议，并与相应的成员一起，利用分析技术，对有关信息做出评估，并提出最佳的解决方案。项目经理要具有洞察全局的能力，能观察到解决方案对项目其他部分的影响，包括对于客户及供应商的影响，这一点是很重要的。

四、项目团队

（一）项目团队的概念

团队是指在工作中紧密协作并相互负责的一小群人，他们拥有共同的目的、绩效目标以及工作方法，且以此自我约束。或者说团队就是指为了达到某一确定目标，由分工与合作及不同层次的权力和责任构成的人群。团队的概念包含以下内容：

（1）团队必须具有明确的目标。任何团队都是为目标而建立和存在的。目标是团队存在的前提。

（2）没有分工与合作也不能称为团队，分工与合作的关系是由团队目标确定的。

（3）团队要有不同层次的权力与责任。这是由于分工之后，就要赋予每个人相应的权力与责任，以便于实现团队目标。

团队是相对部门而言的。部门的特点是：存在明确内部分工的同时，缺乏成员之间的紧密协作。团队则不同，队员之间没有明确的分工，彼此之间的工作内容交叉程度高，相互间的协作性强。团队在组织中的出现，根本上是组织适应快速变化环境要求的结果，“团队是高效组织应付环境变化的最好方法之一”。为了适应环境变化，企业必须简化组织结构层级和提供客户服务的程序，将不同层级中提供同一服务的人员或服务于同一客户的不同部门、不同工序人员结合在一起，从而在组织内形成跨部门的团队。

项目团队，就是为适应项目的有效实施而建立的团队。项目团队的具体职责、组织结构、人员构成和人数配备等方面因项目性质、复杂程度、规模大小和持续时间长短而异。项目团队的一般职责是完成项目计划。项目经理要对项目的范围、费用、时间、质量、风险、人力资源和沟通等进行多方面管理。

由以上定义可知，简单把一组人员调集在一个项目中一起工作，并不一定能形成团队，就像公共汽车上的一群人不能称为团队一样。项目团队不仅仅是指被分配到某个项目中工作的一组人员，它更是指一组互相联系的人员同心协力地进行工作，以实现项目目标，满足客户需求。而要使这些人员发展成为一个有效协作的团队，一方面要项目经理做出努力，另一方面也需要项目团队中每位成员积极地投入到团队中去。项目经理要把项目组建设成一个有战斗力的、有凝聚力的、生动活泼的团队。一个高效率的项目团队不一定能百分之百决定项目的成功，而一个效率低下的团队，则注定要使项目失败。概括地讲，项目团队的特点如图 5.5 所示。

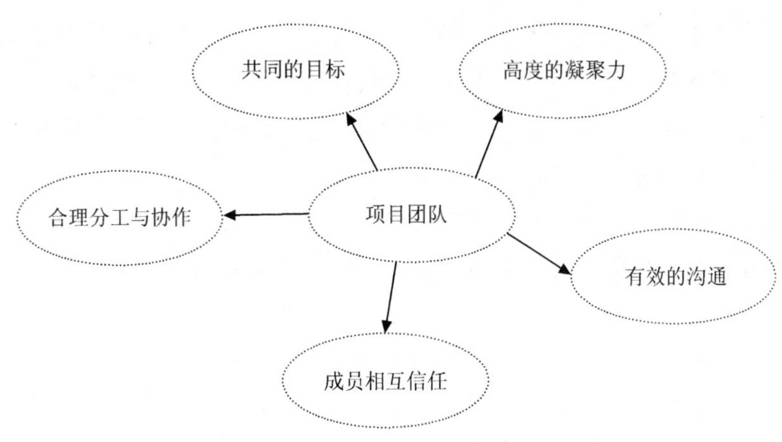

图 5.5 项目团队的特点

（二）项目团队的发展与建设

1. 项目团队的发展

一个项目团队从开始到终止，是一个不断成长和变化的过程，这个发展过程可以描述为五个阶段：组建阶段、磨合阶段、正规阶段、成效阶段和解散阶段。

几乎所有的项目团队都经历过大家在一起的初始阶段，在这个阶段，团队成员从原来不同组织调集到一起，大家开始互相认识，这一时期的特征是队员们既兴奋又焦虑，而且还有一种主人翁感，他们必须在承担风险前相互熟悉，这是一个短暂的时期。

很快进入磨合阶段，这个阶段成员之间相互还不了解，时常感到困惑，有时甚至会产生敌对心理，在实际工作中，各方面的问题逐渐显露出来。接下来在强有力的领导下，经受了磨合期的考验，团队成员之间、团队与项目经理之间的关系已确立好了。

绝大部分个人矛盾已得到解决，总的来说，这一阶段的矛盾程度要低于磨合期，这就意味着正规阶段的到来。随着个人期望与现实状况——要做的工作、可用的资源、限制条件、其他参与的人员相统一，队员的不满情绪也就减少了，这正是成效阶段的标志。

此时项目团队接受了这个工作环境，项目规程得以改进和规范化。团队的工作方式在正规阶段得以统一，经过前一阶段，团队确立了行为规范和工作方式。项目团队积极工作，急于实现项目目标这一阶段的工作绩效很高，团队有集体感和荣誉感，信心十足。在这种状态下完成某项任务后，实现了项目目标，随着项目的完成，该项目准备解散。

这时，团队成员开始骚动不安，成员们考虑自身今后的发展，思考我以后可怎么办，并开始做离开的准备。这五个阶段的关系如图 5.6 所示。

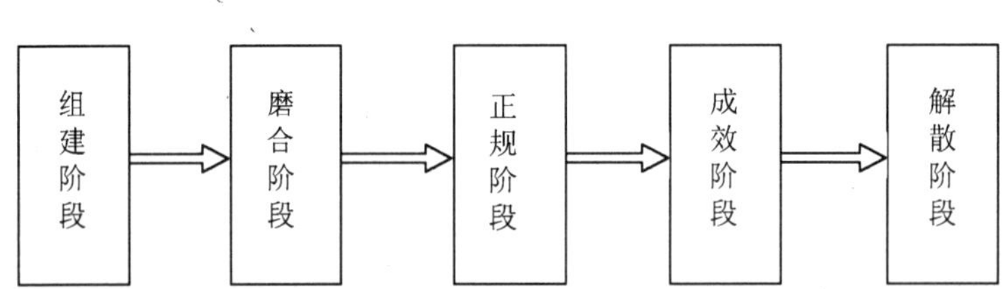

图 5.6　项目团队的五个发展阶段

2. 项目团队的建设

团队建设——把一组人员组织起来实现项目目标是一个持续不断的过程，它是项目经理和项目团队的共同职责。团队建设能创造一种开放和自信的气氛，成员有统一感，强烈希望为实现项目目标做出贡献。

使团队成员社会化会促进团队建设，团队成员之间相互了解越深入，团队建设得越出色。项目经理要确保个体成员能经常相互交流沟通，并为促进团队成员的社会化创造条件。团队成员也要努力创造出这样的条件。

项目团队可以要求团队成员在项目过程期间，被安排在同一个办公环境下进行工作。当团队成员被安排到一起时，他们就会有许多机会走到彼此的办公室或工作区进行交谈。同样，他们也会在走廊这样的公共场合更经常地碰面，从而有机会在一起交谈。谈论未必总是围绕工作。团队成员很有必要在不引起反感的情况下，了解彼此的个人情况。项目过程中会发展起许多个人的友谊。安排整个团队在一起工作，就不会出现因为团队一部分成员在大楼或工厂的不同地方工作而产生“我们对他们”的思想。这种情形导致项目团队成为一些小组，而非一个实际的团队。

项目团队可以举办社交活动庆祝项目工作中的事件，例如取得重要的阶段性成果——系统通过测试，或与客户的设计评审会议成功，也可以是为放松压力而定期举办的活动。项目经理为促进团队建设社会化，可以组织各种活动。例如，下班后的比萨聚会、会议室的快餐、周末家庭野餐、观看一场体育活动或剧院演出等，一定要让团队中每个人都参加这类活动。也许有些成员无法参加，但一定要邀请到每个人，并鼓励他们参加。团队成员要利用这个机会，尽量与更多的其他团队成员（包括参加活动的家庭成员）相互结识，增进了解。一个基本规律是试图与不太熟悉的人在一起聊天，提出一些问题，听他谈论，发现共同兴趣。要尽量避免让人们形成几个人组成的小团体，在每次活动中老是聚集在一起。参加社会化活动不仅有助于培养起忠诚友好的情感，也能使团队成员在项目工作中更容易进行开放、坦诚的交流与沟通。

除了社交活动外，团队还可以定期召开团队会议。相对项目会议而言，团队会议的目的是广泛讨论下面这些类似问题：作为一个团队，我们该怎样工作？有哪些因素妨碍团队工作（比如工作规程、资源利用的先后次序等）？我们如何克服这些障碍？我们怎样改进团队工作？如果项目经理参加团队会议，对他就一视同仁。团队成员不应向经理寻求答案，经理也不能利用职权否决团队的共识。因为这是团队会议，而不是项目会议，只讨论与团队相关的问题而与项目无关。

3. 成功项目团队的影响因素

团队的每一个人具有必要的知识、经验和技能并知道该做什么；

有一个有效的、有影响力的团队领袖；

有一套工作程序和相应的评判标准；

有一个专业化但轻松的工作气氛。

五、项目管理部

（一）项目管理部的内涵

项目管理部是项目组织非常重要的职能部门。过去建立项目管理部就是为了按项目管理的规则培养出最好的项目组，以确保项目管理的质量。它原被认为是项目管理信息的静态智囊团，主要承担着培训项目团队的职能。现在，这一概念由于实际需要而有所改变，确定了其对项目经理的指导、支持和管理职能。在这种情况下，项目管理部可被定义为一个协助项目经理达到项目目标的组织实体，它对项目进行规划、管理、评审、监督与控制。

实际上，项目管理部是长期性组织的一个组成部分。很明显，它的作用是指导和支持项目经理的工作，为各个项目或者大型项目的经理制定标准和指导方针，收集与项目管理相关的数据，进行整理，并向公司高层汇报。项目管理部应该确保项目与组织的战略和愿景一致。

项目管理部作为企业项目管理中一种常用的组织形式，在实际应用中对这种组织形式存在着各种不同的叫法，常见的有：项目支持办公室；计划支持办公室；项目管理部；项目管理支持办公室；计划办公室等。

成立项目管理部的最初目的是为了减少企业中项目管理职能的成本和改进呈报高层管理者的信息质量。许多企业通过项目管理部来履行项目管理的诸多职能，对多种职能实现整合可使企业在行动上保持统一、在不同项目的管理中有统一的规范。例如对进度表和报告的使用有通用标准。

项目管理部的组织形式是项目管理的核心内容之一。不同的企业采取的项目管理的组织结构往往不同。

（二）项目管理部的职责

微观地讲，项目管理部的职责取决于企业的具体需求，而且会随同这些需求的变化不断调整。通常，项目管理部被定位为负责企业项目组的管理机构，其主要职责包括：

（1）开发和维护项目管理标准、方法和程序；

（2）为项目组提供项目管理的咨询和指导；

（3）为项目组推荐合格的项目经理；

（4）为项目组提供项目管理培训；

（5）为项目组提供有关项目管理的其他支持。

对以上项目管理的职责可进一步细化。项目管理部内部又可视情况需要设立一些专业小组，如风险评估小组等。

宏观地讲，项目管理部的职责表现在其企业项目运行过程中扮演的角色上。

（三）项目管理部的建立与运行

从开始建立项目管理部到使其具备成熟的管理能力通常需要经过如下几个阶段：

（1）确定项目管理部提供的服务内容。其服务内容必须得到公司高层和项目经理的认可。项目管理部的职能可能会逐步演化，但就其工作范围与各方面达成一致意见是非常重要的。

（2）确定项目管理部人员的职责和技能要求。因为所指派人员的职责与技能水平决定了他们所能提供服务的质量和水平。

（3）建立项目管理部并宣布其开始工作。项目管理部成立之初，应制定一个能成功地支持总经理和项目经理的工作计划，并通过宣传所取得的成功扩大项目管理部的影响。

（4）工作中与总经理和项目经理密切联系，以便了解他们的需求并满足这些需求。可以让项目经理从日常事务中解脱出来，这些日常工作交由项目管理部去做。项目管理部起到了承上启下的作用。

（5）在为项目经理提供服务时，通过不断满足项目组的需要，扩展项目管理部的服务职能。

（6）项目管理部要经常保持与客户的沟通，指导项目组满足客户的需求，并不断地改进其技能和完善其职责。

（7）确保项目组为客户提供最佳的服务。项目管理部的建立必须有高层管理者的支持，但其运行的成功与否则取决于其客户。如果客户对其服务不满意，那么来自高层管理者的支持将会减弱，项目管理部也就无法生存下去。项目管理部的“客户”是指接受项目管理部服务的部门和相关人员，主要包括：公司总经理、项目经理或主管、项目团队成员、职能部门的经理、公司客户（即项目产品的接收者）等。

总之，项目管理部提供项目相关的专业化服务以满足企业的项目管理需求，并可将项目经理从日常的琐碎事务中解放出来。项目管理部为项目相关各部门收集信息并将其格式化，以便于对项目进展情况统一管理。项目管理部将项目管理的多项职能加以整合，以提高工作效率，并更好地支援项目。需要强调的是，项目管理部通常不仅是一个项目的管理机构，而且还是一个项目决策的支持机构和项目管理的服务机构。

第六章 项目管理过程与方法

项目管理过程描述了从客户 RFQ（报价需求）直至项目开发完毕移交到现生产整个过程的阶段划分及控制方法、流程。本章节包括以下几个内容：项目评审程序、报价程序、客户需求管理程序、项目更改控制程序、供应商开发和供货保障管理程序、财务分析程序、工程开发控制程序、生产启动控制程序、物料清单管理程序、经验教训总结程序。

一、项目评审程序

描述了项目三大审核的时机、频次、审核的内容、参与人员以及审核所需要输出的问题清单及问题清单的跟踪和最终关闭。

（一）项目审核

由公司最高管理者组织各部门负责人对项目的质量、进度、成本、利润所做的周期性审核，其频次可因项目大小、风险程度而定。一般为期两年的项目，其审核频次定为每月一次。其目的在于加强各职能部门与项目经理的沟通，并监控项目的执行过程，尽早识别大的风险，支持项目组解决问题。在审核前，项目经理应就以上四个方面的资料做动态的汇总，并就每个方面识别机会和风险。通常，关控审核与工程技术审核是其输入。

（二）关控审核

由公司质量管理或监控部门负责人组织项目组所有成员，对项目每个阶段的输出进行评审，评价其输出是否满足输入的要求，并编制问题清单。其问题清单由项目经理负责督促各问题责任人按节点完成。频次一般定为每阶段一次。

（三）工程技术审核

该审核的频次视项目技术上的复杂程度而定，包括对客户输入的审核，以确保对客户输入的理解正确、充分。对工程更改的评审，评审其技术可行性、影响、风险。对设计方案的评审，评审其制造可行性、是否可做 VA/VE（价值分析/价值工程）的设计优化。评审首次样件是否符合设计的要求。评审过程策划的文件的合理性、完善性、充分性。其评审的输出是问题清单（清单中必须包括解决措施、责任人及整改的节点期限）。参加评审的人员因评审的内容不同而不同，适当时，可邀请客户和供应商、技术支持方等相关人员参与。

在工程审核时，要选择出那些技术上可行、投入少而受益大的方案，必须要考虑各方面的因素，其中包括生产因素、客户因素、财务因素、员工因素和其他因素等。

（1）生产因素。工程评审时，要考虑到项目在生产上是否具有可行性。生产因素一般包括生产设备的安全性、设备生产能力、单位产量的生产成本和生产时间的变动、所需原料的供应情况、产品质量的稳定性和技术的适用性等。

（2）客户因素。项目产品最终是面向客户的，因此客户是否满意决定了项目目标的实现程度。在进行项目评审时，客户因素是很重要的，产品在客户处的匹配质量，客户对产品的评价等是决定其工程技术是否可行的关键条件之一。

（3）财务因素。进行工程评审时，还要考虑到项目是否具有经济可行性，财务因素一般包括项目的预算、项目的利润率、内部收益率、项目的投资回收期和财务风险等。

（4）员工因素。员工因素一般包括员工的技能水平、员工能承受的劳动强度、工作条件、员工参加的培训等。

（5）其他因素。项目工程评审要考虑是否符合国家的安全和环保等有关法律法规以及项目的社会效益等。

二、报价程序

描述了从接收到客户 RFQ（报价需求）到公司内部成立报价小组，进行工程分析，编制报价假设，汇总审核各项成本数据，进行财务分析，制定内部价格，确定报价策略，报公司高层审批，对客户输出技术报价和商务报价，并追踪客户对报价的反馈意见，及时提出报价的调整方案的控制过程。其关键在于报价基础的假设，这包括了物料消耗假设、二级供应商报价、工艺假设、制造流程假设、工时假设、场地利用假设、设备工装假设、动力假设、包装物流假设、开发验证方法假设、设计初步方案假设等。具体可参见 CW 公司的报价流程，如第七章图 7.7 所示。

三、客户需求管理程序

项目是面向客户的，因此项目管理过程中对客户的管理至关重要。

客户管理中最重要的是客户需求的识别。所谓需求识别，即是基于客户某些方面的变化（如竞争条件的变化、技术改进和法律法规的变化等）而产生的一种特定需求。客户的需求主要来源于以下四个方面：客户需求，即由客户变化所引起的需求；竞争需求，即公司基于提高自身的竞争力所引起的需求；技术需求，即基于技术创新所引起的需求；法律需求，即基于一个国家或地区的法律变化所引起的需求。当客户对上述需求做出反应时，就意味着他们有了某种项目需求，但此刻这种需求还比较粗略，只是一个模糊的轮廓。因此，项目管理过程中要对客户需求进行进一步研究和分析。帮助客户认清自身资源状况和条件，仔细全面地考虑项目的经济效益、社会效益和项目目标、组织目前的状况和资源获取能力等因素，以确保客户的最终需求。

项目管理中对客户的需求的识别过程对项目组来说是十分重要的，在现实的生活中因客户不十分清楚自己的需求导致的失误比比皆是。

四、项目更改控制程序

当项目的某些基准发生变化时，项目的质量、成本、报价和计划也会随之发生变化，为了达到项目的目标，就必须对项目发生的各种变化采取必要的应变措施，这种行为被称为项目更改。项目变更会对项目的以下各方面带来影响：

（1）项目质量目标；

（2）项目进度工期；

（3）项目成本预算；

（4）项目人力资源需求；

（5）项目所需的工具、原材料和设备。

所以，当项目发生变化时，必须要对项目进行重新策划、论证和实施，即实施项目变更的控制。更改控制程序描述了从更改要求（来自客户、本公司、供应商）的提出、方案假设、评审更改方案、更新报价资料、报客户审批后实施更改、更改的验证、更改的确认等控制过程。其目的在于建立一套正规的程序对项目的变更进行有效的控制，从而更有可能达到项目的目标。项目的更改包括：项目时间节点的变更、项目范围的变更、项目技术要求的变更、项目开发和制造过程的变更等。

（一）项目时间节点的变更

实践表明，因为项目任务受一些资源、交通、能力等诸多因素的影响不能按时完成，各项任务相互之间的关联会相互受到影响需提前或推迟完成，项目时间节点会发生不同程度的改变，这些变更可能是客户提出、公司内部提出或供应商提出。节点的变更不控制好，会导致项目不能准时交付、成本上升、质量和利润下降。项目时间节点变更的控制关键在于：

（1）识别变更。项目总进度甚至每项活动一定要有人跟踪，一旦任务不能按计划完成，就要报告项目经理。评审该项任务的延迟是否会对其他任务的节点带来影响，从而导致项目整个工期的延迟，是否影响客户的关键节点。如果有影响，则需采取措施来消除负面影响。

（2）采取措施。根据影响的层面，项目经理要召集相关人员评审怎样采取措施才能消除影响。所有措施要求有责任人、期限，并有人跟踪其有效性。

（3）通知变更。项目时间节点发生变更后，尽管已采取措施消除了影响，但与项目组（包括客户和供应商）沟通所发生的变化还是很重要的，通常是在进度计划中进行更新并做相关说明。

（二）项目范围的变更

项目范围的变更通常是因客户的变更要求而导致的。如客户给某公司初次定点 10 个一级件，该公司在接到定点后立项，其项目范围就是 10 个一级件。在项目开发过程中因客户的产品结构调整，需增加或减少一级件，这就导致某公司项目的范围会发生变化。

项目范围的变化通常也会影响到项目质量、进度、成本和利润。其控制的关键点在于：

（1）识别变更。客户有该要求时要识别出这是项目的变更，及客户变更的具体要求。

（2）通知变更。一旦有范围上的变更，项目组的工作量就会发生变化、项目投入也会发生变化，及时通知项目组是节约成本的前提。

（3）评审变更。邀请项目组成员一起评审项目范围的变更，识别出变更的影响（包括对质量、成本、进度、利润的影响），需要哪些行动计划和资源的支持，或者取消一些任务来应对变更。所有行动方案都需有责任人和期限。基本所有范围变更都需对客户重新进行报价，具体按报价流程进行控制。

（4）变更的实施与跟踪。变更在实施过程中一定要有人跟踪其有效性，并将实施的结果随时与客户进行沟通。

（三）设计变更控制

设计变更是指设计定义的更改，包括产品结构更改、原材料更改、尺寸更改、功能更改等。

更改原因包括：降成本、质量改进、客户需求更改、原设计错误或遗漏、工艺改进、产品更新换代、与新产品的兼容、包装问题改进等。更改可能是客户提出，生产公司提出，供应商提出。图 6.1 为 CW 公司设计变更控制流程图。

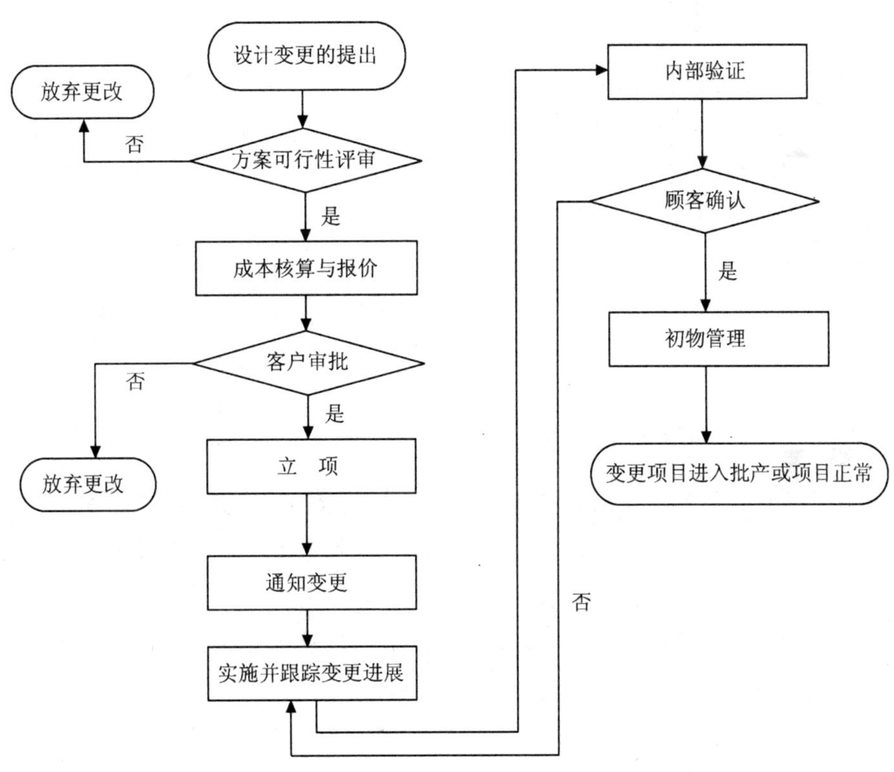

图 6.1　CW 公司设计变更控制流程图

根据以上流程图可以看出，设计变更控制的关键点在于：

（1）由设计变更提出部门或工程技术部门召集评审会，评审方案的可行性，一定要确保方案可行才能进行下一步的工作。

（2）设计变更一定要通过商务部门报客户审批，要确保在获得客户的批准后再进行更改立项。

（3）变更实施前一定要在内部相关部门进行沟通，以确保变更的实施能按规定的时间节点和要求进行，并且不带来负面影响。

（4）变更实施后一定要进行相应的验证，以确保提交客户前有充分的证据显示变更是成功的。

（5）如是在批产状态进行的变更，则在获得顾客确认后，开始供货前，一定要做初物管理，以确保变更前与变更后的产品不混乱交错发放与交付。

设计变更应尽量提前，变更发生得越早则损失越小，反之就越大。如在设计阶段变更，则只需修改图纸和数据，其他费用尚未发生，损失有限；如果过程开发结束时变更，不仅需要修改图纸和数据，而且还要修改模具，甚至是重新开发模具，供应商重新定点，这在成本和进度方面都会受到很大的影响。所以要加强设计变更管理，严格控制设计变更，尽可能把设计变更控制在设计阶段初期，特别是对成本影响较大的设计变更，要先进行财务核算后变更。

变更会带来风险，但在做方案评估时可将该风险适当地转换成机会，以便使项目利润最大化。

（四）制造过程变更控制

制造过程包括：人、机、料、法、环，所以根据其变更的不同方面通常也叫 4M［人员 Man、设备 Machine、材料供应商 Material、工艺 Method（包括场地）］变更。与设计变更不同的是：设计变更一定要通知顾客，因为定义上发生的改变，可能会影响客户要求的达成。而 4M 变更则根据变更带来的风险和顾客的特殊要求而决定是否需通知客户。

4M 变更可能来自公司内的提案，也可能来自供应商或客户的要求。

4M 变更的原因，可能是降成本、工艺改进、质量改进、优化物流方案、精益化生产等。

1. 人员变更的控制流程

当过程中的人员发生变更时，着重要识别人员的技能对该工序产品质量的影响，车间工段长根据影响编制培训计划。培训计划一般的内容包含：安全事项、5S、操作设备的技能、工艺参数的理解和把握、来件的检查技能、缺陷的识别技能、解决突发事件的技能、产品自检技能等。由工段长组织设备、质量、工艺等相关人员对新上岗人员实施培训。培训完成后，需根据岗位技能的复杂程度进行一段时间的实习，然后由培训者对其进行评估。评估完成后，将技能的等级更新到岗位技能一览表（起目视管理的作用）。在实习期间，新上岗员工制造的产品是要加严检验才能流出的，经评估后若技能达到要求，即可解除加严检验的体制。

图 6.2 为 CW 公司人员变更的控制流程图。

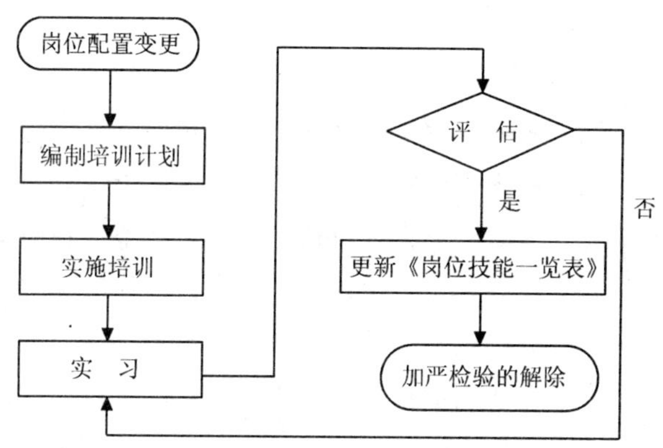

图 6.2 CW 公司人员变更的控制流程图

2. 设备、工装变更的控制流程

设备、工装变更时，设备模具人员通常先要通知质量、工艺、产品等相关部门参与试制，试制是一个验证的过程，验证的结果则通过产品的检验或试验来体现，验证周期的长短，则根据具体变更对产品和过程影响的程度来确定。用产品检验结果计算出的设备/工装能力指数综合体现了设备、工装的变更对产品和过程带来的影响。如能力指数达到了 1.67（各公司可根据其产品类别自行定义）的目标要求，即可解除加严检验。

图 6.3 为 CW 公司设备、工装变更的控制流程图。

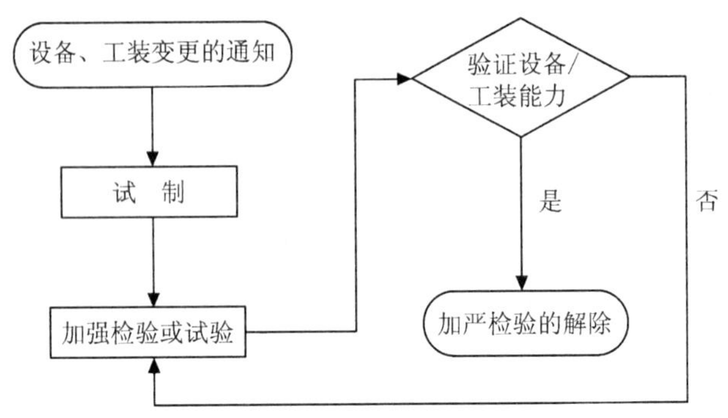

图 6.3 CW 公司设备、工装变更的控制流程图

3. 场地变更的控制流程

因为场地的变更会影响到设备的移动、工艺布局的更改，对产品质量有影响，所以应将其纳入变更中进行管理。一般是工厂设备模具科或工艺科或规划科识别该项变更，并对变更的方案进行初始策划。方案实施前要评审，评审变更对质量的影响，补救措施，评审通过该次变更可以作的场地优化。评审方案通过后要通知客户，待客户同意才能着手实施，包括设备工装的移动与安装。变更初期生产出的产品要进行验证，是否确实未影响到产品性能或功能。验证完成后可进行小批量的试制，试制期间应纳入初期流动管理。因为虽产品得到了验证，过程的稳定性还未知，这时应按常规实施加严检验。然后进行产品审核、过程审核。变更后的零件第一批交到客户处时，应按初物（每次变更后或新开发产品的第一次交付的货物）管理的要求进行标识，并提供自检报告。待初物得到客户认可，加严检验方可解除。

图 6.4 为 CW 公司场地变更的控制流程图。

4. 生产过程或加工方法变更的控制流程

工艺方案变更通常由公司技术开发、工艺部门提出，原因包括：降低成本、质量改进、精益生产等。参加评审的人通常包括技术、工艺、质量、设备、工装、生产车间等部门人员。评审通过后可进行工艺调试，工艺调试的首件（通常是前 5 件）要得到质量工程师的确认，必要时包括用相关试验手段进行确认。工艺科得到质量工程师的产品确认通知后，即给车间下发临时工艺通知单。确认前的零件若属于可疑产品，不能混入合格品中流入下一道工序。在

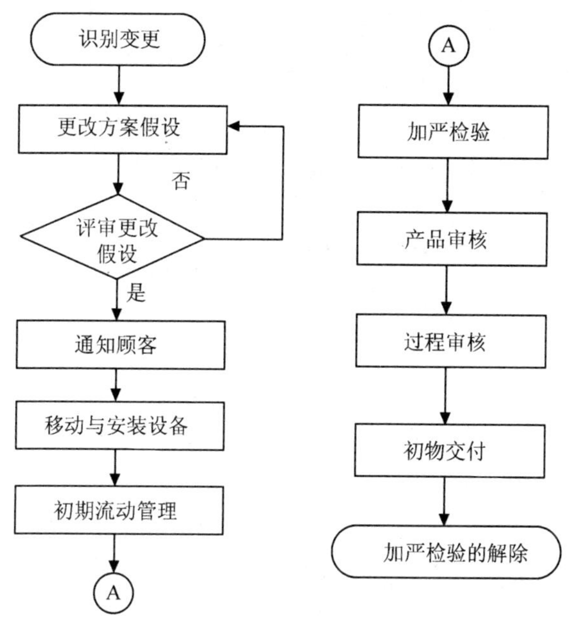

图 6.4　CW 公司场地变更的控制流程图

按临时工艺通知单进行生产时，要加严检验，并用检验的结果做过程能力分析。待过程能力达到后，才可下达正式的工艺文件，同时取消临时工艺文件。

图 6.5 为 CW 公司生产过程或加工方法变更的控制流程。

5. 供应商变更的控制流程

4M 变更中，供应商变更对质量的影响程度最大，其变更控制的流程也相对复杂，具体见下图。供应商变更的原因可能是国产化、VA/VE（价值分析/价值工程）或由于供应商商务问题不能继续供货等。原因不同，提出变更的责任单位也会不同。

识别出变更机会后，应先展开供应商调查，做变更方案的假设，以便高层审批决策，内部审批完成后还应通知客户，并获得客户的批准才可进行立项工作。

若假设方案中建议的供应商不在合格的潜在供应商名单上，需做潜在供应商审核，以降低后期开发的风险。

技术部门应协助采购工程师准备询价技术资料，供应商报价、比质比价和

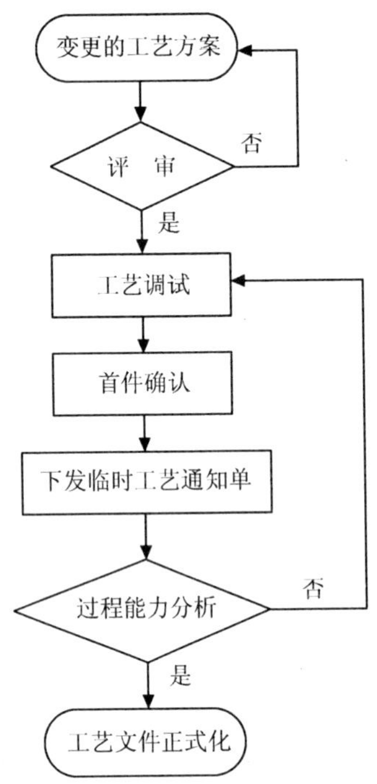

图 6.5 CW 公司生产过程或加工方法变更的控制流程图

供应商开发可参考本书第八章“采购管理的原则”。

供应商开发过程可按阶段，要求用其样件的结果来做开发过程的跟踪。样件提交给客户之前应先在公司内部验证，客户对阶段样件完成了认可，就可以开始试生产。该试生产包括二级供应商的试生产和 CW 公司内的试生产。在试生产期间，对应的是项目阶段五，应完成供应商过程审核、供应商 PPAP（生产件批准）。

待公司对供应商的产品完成了 PPAP，即可向客户提交 PPAP 文件和样件，以获得客户对公司更改后的产品与过程的批准。生产件批准通知单即是可以进行 SOP（批量生产开始）的指令。批量生产初期，因过程的不稳定因素仍然存在，应进行一段时间的初期流动管理（批量生产初期的加严管理），第一次批量交付的零件应按初物的要求提交报告和做好标识。待初期流动管理结束后，项目即可完整地移交到现生产，其过程同项目开发的阶段六。

图 6.6 为 CW 公司供应商变更的控制流程。

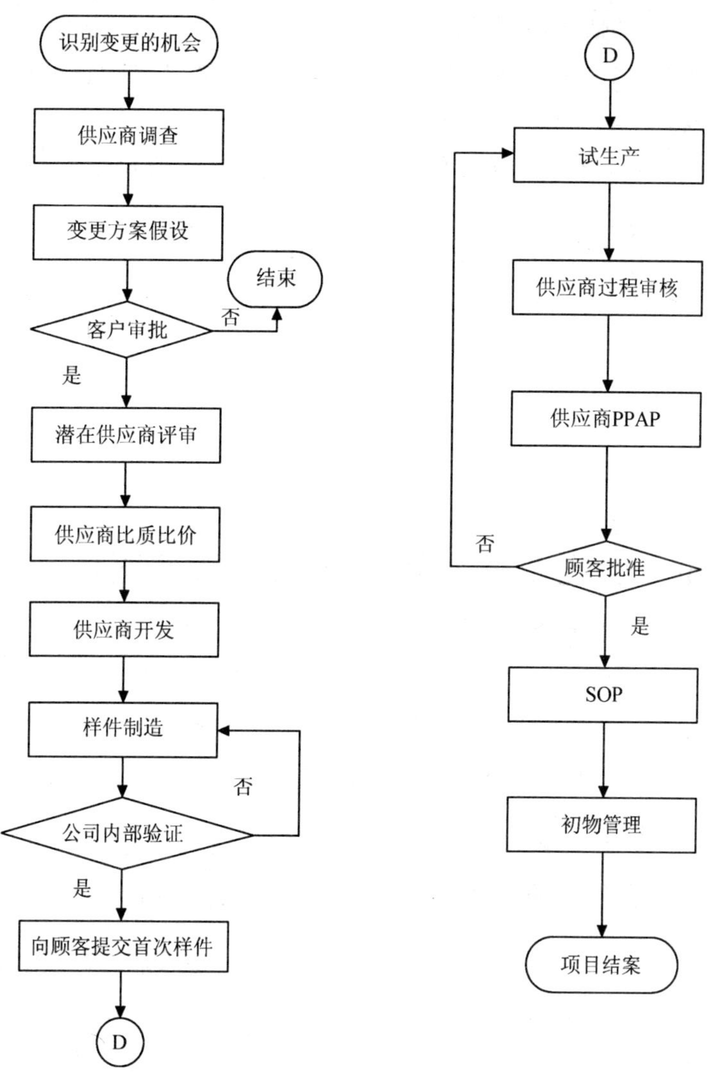

图 6.6　CW 公司供应商变更的控制流程图

（五）项目变更控制的原则

为了对项目的变更进行有效的控制，成功地完成项目目标，项目变更应该遵循以下几个原则：

（1）把项目变更融入到项目的计划中去。

（2）选择影响最小的方案。

（3）所有的变更在准备变更申请和评估之前，必须与项目经理进行商讨。

（4）及时地发布项目的变更信息。

（5）任何影响客户要求的产品实现的变更都要求通知客户，并征得客户同意。

（6）任何变更的影响，包括由供应商提出的变更，都必须予以评估，必须确定验证和确认活动，以确保符合客户要求。必须在实施前对变更进行确认。对于影响产品构成、配合和功能（包括性能和/或耐久性）的专利设计必须与客户一起评审，以准确评估所有的影响。

五、供应商开发和供货保障管理程序

描述了从潜在供应商审核、QSTP（质量、服务、技术、价格）评价、供应商定点定价、供应商项目开发启动会，供应商开发过程控制、供应商样件交付与评价、样件认可、批产前过程审核、供应商生产件批准（PPAP）及供应商批量生产后的供货保障等管理的过程。

（一）潜在供应商审核

每个公司都会结合各自的行业在日常收集和整理需采购物资的供应商信息资源，这些信息包括：供应商的名称、地点、联系方式，公司组建结构，主营业务或产品，其主要客户，供货绩效（包括技术、质量、交付和价格竞争能力）以及所采用的管理体系等。按照公司新项目的展开情况，供应商主管部门会按采购或定点需求列出计划，安排一些潜在供应商审核。潜在供应商审核的目的在于初步筛选供应商，确保有能力的供应商才能进入公司潜在供应商平台。其审核的内容根据不同行业会有所不一样，一般会参照 ISO 9001 的系统标准编制审核检查表。审核时，要求供应商必须安排至少 8 小时以上的类似产品的生产，以便正确判断其生产过程的控制能力。审核结束后，审核小组会输出审核报告，并在报告上给出级别结论，如 A 级（优选级别），在新项目定点时优先考虑；B 级（入围级别），在新品开发时可以考虑；C 级（预备级别），在新品开发时可让步考虑；D 级（不合格），不予考虑其定点。A、B、C 级供应商都可进入潜在供应商清单。

（二）供应商定点定价

新项目开发过程中，只能在潜在供应商清单中选择 3～4 家供应商进行询价。然后启动比质比价，即 QSTP（质量、服务、技术、价格）的评价。各公司可针对其产品特点做出 QSTP 的比较规则。如质量方面可考虑质保体系、产品过程控制能力、产品实际绩效情况、质量控制与保证的硬件资源状况等。服务可评价该供应商与其他产品或客户的项目开发配合情况、对客户投诉的处理、交付等方面的状态。技术可评价其对某种核心或重要工艺的掌握情况，解决技术问题的能力、设计能力、设计验证的能力等。价格可按不同行业规律的比率浮动进行打分。最后将这四个方面的打分加权平均，即为 QSTP 总分，得分最高的供应商可进入该项目的初始供应商。

（三）供应商项目启动会

供应商项目启动会是为了与供应商在项目启动时做一次充分的沟通，可召集所有供应商一起，也可分别召开。沟通的内容应包括：确定与供应商之间的联系方式、项目时间节点、项目目标、项目开发体系的要求、项目的产品技术要求（一般用技术协议，并附带数据、图纸、标准等的方式来描述）、公司与供应商之间的职责分工。

（四）供应商开发过程控制

为节省项目工期和成本，通常是客户、供应商同步开发。在开发过程中，要定期或不定期地对供应商的开发过程做监控，可采取供应商主动汇报或公司到供应商处走访两种方式，不论是汇报或走访，都应定义每个阶段要控制的任务、目标。

（五）供应商样件交付、评价与认可

可根据供应商产品的复杂、风险程度将样件分为几个阶段进行控制，如手

工样件（用非正规工装、设备和生产线制造出来的样件）、第一次工装样件、第二次工装样件、生产件批准（PPAP）样件等。通常手工样件和工装样件由工程技术部门主导评价，评价的方面包括：外观、结构尺寸、功能、材料等，在不同阶段，可只针对其中的一项或几项进行评价。评价结束后应输出报告，并封样件作为对其开发的某个阶段的认可。在批产前的生产件批准（PPAP）样件通常由质量部门认可。

（六）供应商生产件批准

供应商签署批准书的条件应包括两个方面：①其生产过程能力符合要求，应用批产前的过程审核来评价，包括质量保证能力和生产负荷的满足。②零件符合要求（外观、尺寸符合图纸和标准的要求，材料、功能试验完成并全部符合要求）。这些要求若有轻微不符合，而项目进度又迫切要求批产时，可下发临时批准通知书，并限期整改。

（七）供应商供货保障

为确保供应商在批量生产后能持续地按项目开发的目标进行供货，并持续改进，就要对其保障能力进行管控，通常分为产品管控和过程管控。①产品管控：制定完整的供应商评价指标，对其供应的产品进行评价，包括进货检验、日常装配过程中的问题收集、投诉信息统计、对问题或投诉的反应速度、解决能力、交付及时性、价格下降幅度等方面的业绩进行统计、分析、横向纵向比较、排名等方法对其进行激励和管控。②过程管控：对其进行周期性过程审核，或出现重大问题时的快速审核，以帮助供应商改进过程保障的能力。每年供应商业绩总结时可优胜劣汰。

（八）对不同的供应商采用差异化管理方式

项目采购小组需要依据采购物资的类别、重要程度、合作关系紧密程度等方面对所有的供应商进行分门别类，包括战略供应商、重要供应商、普通供应商和备选供应商等，实行分层差异化管理和控制。

认识到供应商管理的重要性，积极推进公开、规范的供应商管理方式，制定完善的供应商管理制度，开展全过程的供应商管理方式，主动整合和利用供应商资源，有力支撑采购业务过程的运作，提高采购业务管理水平；通过对供应商的开发与全面管理建立准时供货的保障体系。并制定应急预案来应对供货突发事件，为保障准时供货，企业内部必须有完善的质量控制、准时化供货体系来确保及时供货能力，而且针对可能发生的质量、交付突发事件，事先须制定应急预案，防止因无法履行供货合同而产生的客户信任危机和风险成本。

六、财务分析程序

描述了新产品报价的财务分析，新产品报价成功获得客户的定点通知后，公司成立项目组进行项目财务分析，编制项目的拨款申请，工程变更报价的财务支持，项目开发中成本控制，对项目资金的使用情况和成本状况进行跟踪和监控，对项目经理完成成本和利润指标的情况进行考核等控制过程。

项目的财务分析是从企业首要因素的角度，通过分析项目的成本与收益来衡量项目的经济指标与财务表现，确定项目盈利的可能性。

项目的财务分析包括盈利能力分析、不确定性分析以及风险分析三个方面的内容。

（一）盈利能力分析

盈利能力分析包括静态分析法和动态评估方法：

静态分析法主要包括静态投资回收期法和投资利润率法，该类方法不考虑货币资金的时间价值，仅对方案进行粗略的评价。除了上述方法外，还可以利用投资借款偿还期、销售利润率、资本金利润率和投资利税率等指标进行辅助分析。

动态评估的主要方法包括：内部收益率法和净现值法，该类方法充分考虑了资金的时间价值，对项目的分析较为全面。与静态评估方法相比，这种方法更为实际合理。

（二）不确定性分析

由于客观环境在不断发生变化，目前的预测结果与未来的实际情况不可避免地会产生误差，诸多不确定性因素的存在将使项目面临多方面的风险。因此，必须运用盈亏分析、敏感性分析、概率分析等不确定性分析方法，分析和研究项目投资、生产成本、销售收入、产品价格和寿命周期等主要不确定性因素的变动对项目收益、收益率和投资回收期等经济效益指标的影响程度，考察项目承受各种投资风险的能力，提高项目盈利的可靠性。

1. 盈亏分析

盈亏分析通过对产品产量、成本与盈利水平三者关系的分析，找出盈利与亏损在产量、产品价格、生产能力利用率等方面的临界指标，从而确定项目在经营条件发生变化时的承受能力。

2. 敏感性分析

敏感性分析通过分析一个或多个不确定性因素的变化导致决策指标的变化程度，判断各个因素的变化对实现预期目标的影响程度。

3. 概率分析

概率分析就是通过研究各种不确定因素发生不同幅度变动的概率分布及其对方案经济效果的影响，以及评价结果做出概率描述来判断项目的风险情况。

（三）风险分析

风险分析是不确定性分析的补充和延伸，借助不确定性分析的测算结果，重点分析项目面临的风险的性质、类型及可能造成的影响。

风险分析的主要内容包括：投资风险的识别、风险属性的分析、风险量的估算及风险规避方案。

七、工程开发控制程序

描述了从接到客户工程 RFQ（报价需求）到工程评审，产品设计，设计验证，过程开发（输出 BOM——物料清单，工艺流程图，FMEA——失效模式及效果分析，过程控制计划，作业指导书等），过程评审，过程验证，试生产，转入批产等过程的控制。简而言之，就是将客户的需求通过设计、制造转换成产品的控制过程。

客户的工程 RFQ 可以是不完善的数据、标准、图纸或仅仅是周边相关功能件的清单。这其中的每一项信息都是非常有价值的。所以，RFQ 的接收过程一定要受控，要有人进行管理。这时的工程评审是对 RFQ 的一种消化和理解，其输出是产品设计任务书。

产品设计过程分为概念设计、工程设计、零件设计。概念设计阶段应输出：颜色及花纹清单、初始概念图/造型图、方案评审记录、总布置图；工程设计阶段应输出：零件分级表、QFD（质量功能展开）、DFMEA（设计失效模式与后果分析）、系统零件及装配示意图、产品及原材料标准、设计验证计划、样件制造计划、油泥模型制作与认可、数据生成及清单、产品数据确认、产品描述、主断面机构设计图、产品爆炸图；零件设计阶段应输出：产品标准/试验大纲、零件造型、零件数据评审、数据确认。

过程开发包括对人员、设备工装、原材料及外购件、生产制造工艺、场地平面布置等的开发。工艺开发的输入是产品数据、图纸、标准，根据对这些信息的消化，技术人员应以 BOM（物料清单）将其展示出来，再确定采取何种工艺及工艺过程的顺序，即工艺流程。为将小组成员的经验和教训都利用在工艺开发上，防止已发生问题的再发生，PFMEA（过程失效模式与后果分析）是一种较好的头脑风暴的工具。所有的控制点、控制方式都应用控制计划的格式转换过来，并落实到作业指导书中去，这样就能体现策划的小组行为。

过程评审通常包括：对工艺流程图、特殊特性清单、场地平面布局图、控制计划、过程失效模式和后果分析、新设备/工装、产品/过程检查等描述过程的主要内容的评审。

过程验证是以一种能力计算的方式进行的，用这种方式可以评价过程的稳定性和过程是否有能力持续地稳定地生产出合格产品的能力。在制造业，PPK（初始过程能力指数）大于或等于 1.67 是通用要求。当然，根据客户、行业和成本的差异，各企业可自行定义。

过程转入批产前，除了验证其能力外，还要做过程审核，以便发现过程策划的不足，或实施与策划不符的问题，尽早解决，减少批产的损失。

八、生产启动控制程序

描述了生产准备的评审（设备模具预验收，平面布局图的评审，工艺流程图的评审，作业指导书的评审，人员配置的评审，供应商零件的评审），试生产，评价试生产样件，合格后转入 SOP，做 SOP 三个月内的初期流动管理（它是针对批产初期过程不太稳定情况下的一种加严控制方法）等的控制过程。

生产启动就是对过程策划实施的启动，项目生产启动的成功与否关系到项目是否有能力顺利转产，及转产后能否按预期节拍、质量、财务指标进行生产和交付。启动前要先对生产准备的相关事项进行评审，评审生产准备是否都已完成，并且充分有效，若其中一项未完成，都会影响试生产的时间节点。如假设平面布局图未完成，或不合理，设备进厂后就无法安装，或无法按最优的工艺路线安装，这样会影响生产的节拍、场地的利用。同样，如供应商的二级零件不按时到位，试生产也只能是停机待料，这都是极其常见的浪费。试生产应该按正式的工装、设备、场地、工艺流程、工艺节拍甚至是正式的操作工来进行生产，其目的是验证过程的能力，制造出用于客户做生产件批准的样件。

SOP 后的初期流动管理小组的组建应由生产启动经理负责，组员应包括：项目小组成员与车间的成员，这样的管理框架为项目后期的转产奠定了基础。在这个过程中，可确保项目小组成员与批产后的各生产控制人员做到很好的沟通与衔接。另外，SOP 初期，新设备与工装都还在磨合期，人员也不够熟练，供应商的供货也不顺畅，客户的要求还会经常变化。这些过程不稳定因素的存在就要求初期流动管理小组必须加严控制过程和产品。加严控制过程的方法有：班组长对不同工位操作工频繁地做作业观察、车间经理和启动经理、质量/工艺工程师定期评审过程操作/作业的符合性、项目经理每天监控产品的质量和交付绩效，如客户 PPM（每百万件产品中的不合格品数）、工序合格率、各工序准时交付率等。SOP 后的初期流动管理解除的条件可根据其目标的达成情况来确定，如目标在 2 个月就达到了，那么可提前解除，如目标到 3 个月还未达到，也可能推迟解除的时间。

九、物料清单管理程序

它是用于指导怎样编制和修改物料清单，其中包含了产品的组成结构，产品的工艺流程，所选用的材料编号，买/制计划，工艺消耗定额，外购产品供应商信息。物料清单是 ERP（企业资源计划）系统的一个输入。

初始物料清单的编制是在报价阶段，产品工程师为了将客户对产品的需求从工程数据、图纸、标准等转换成一种更易理解，更易于其他小组成员做报价假设而编制的一份文件，通常配合爆炸图使用会更直观一些。

在项目定点后，产品工程师会随着项目开发的进展，产品信息越来越全面，不断地来完善这份物料清单。当然，当项目的产品设计和制造过程发生变更时，物料清单的更新与否是必须重新审定的。

在生产启动时，若公司有 ERP 系统，应及时将物料清单信息输入系统，以便建立项目启动阶段的物料、交付电子信息的管理。

为加强物料清单的严格管理，每次变更必须得到相关部门的审核和批准。因为其信息是用于统计生产耗用成本，也用于供应商与公司内部生产计划的制定、生产计划的完成情况跟踪和客户产品交付状态的跟踪与管理的。

十、经验教训总结程序

描述了项目完成后项目组所有成员汇集各自在项目开发过程中所经历的成功与失败，并针对成功与失败的原因进行分析、找出改进和提高的措施，为以后的项目做出前车之鉴。

项目完成后的评价是指对已经完成项目策划的完整和充分性、执行过程细节上的成功与失败、项目收益、质量、进度符合性等所进行的系统客观的分析和评价。通过对项目活动实践的检查总结，判断项目预期的目标是否达到，项目策划是否合理、有效，项目的主要效益指标是否实现，通过分析评价找出成败的原因，总结经验教训，并通过及时有效的信息反馈与共享，为未来项目的决策和提高、完善投资决策管理水平提出建议，同时也为被评价项目实施运营中出现的问题提出改进建议，从而达到提高项目效益的目的。

项目完成后的评价基本内容包括：项目质量与进度目标评价、项目实施过程评价、项目效益评价、项目影响评价和项目持续性评价。

项目完成后的评价是通过总结经验教训，提升项目计划与项目过程控制能力的重要途径。项目完成后的评价对已完成并投入运营的项目进行的系统、客观而全面的分析研究，通过提炼项目在实施和运营过程中的有益经验，发现规律性的科学方法，反思在实施及运营过程中出现的失误和教训，使项目的投资人、决策者、管理者和项目组成员学习到更加科学合理的方法和策略，提升项目全过程的管理能力。

项目完成后的评价是促进项目实施的全过程参与者的责任心的一种重要手段，项目完成后的评价具有现实、客观、公正等特点，通过对项目实施全过程的成绩和失误进行科学客观的分析研究，可以准确地判断投资人、决策者、管理者和项目组成员在实际工作中存在的主要问题，使项目所有参与者清醒认识到任何决策上、执行中和管理层面的失误都会给项目带来不同程度的危害，因此要进一步采取改进措施并不断增强其责任心。

项目完成后的评价是支持投资决策的重要步骤，虽然完成后评价对完善已完成项目、改进在开发的项目有重要作用，但是更为重要的是，为待开发项目或拟议中的项目的投资决策提供支持。

项目完成后的评价还具有重要的监督功能，完成后评价既是一个向实践学习的过程，也是一个对投资活动的监督过程。项目完成后的评价的监督功能与项目的前期评价、实施监督结合在一起，构成了对投资活动的监督机制。

第七章 项目财务管理

一、项目财务简介

项目财务管理旨在通过对项目资金流转（Cash Flow）的规律及其发展变化的趋势进行研究，揭示影响项目价值的各种因素，运用多种方法和手段合理确定项目价值，寻求项目价值的最大化。

（1）项目财务管理的目标。控制和降低项目成本，提高投资效益，节约开发资金，防止浪费损失，防止违规违法的现象发生。

（2）项目财务管理的任务。

①贯彻执行有关法律、行政法规、方针政策；

②依法、合理、及时筹集、使用项目开发资金；

③做好项目开发资金的预算编制、执行、控制、监督和考核工作，严格控制开发成本，减少资金损失和浪费，提高投资效益。

（3）项目财务管理的主要内容。应设置财务的专业人员负责项目财务工作，严格按照批准的项目开发预算，做好账务设置和账务管理。配合项目组人员跟踪监测项目开发过程的动态状况，预测项目可实现的利润状况，确保项目的收益指标达到预算要求。

（一）项目财务与项目开发的关系

在企业经营计划中，不同的时期会有不同的产品开发。而在产品开发的周期里，需要采用项目管理的方法，这样也就需要项目开发计划或项目开发系统（PDS）。在PDS中会体现出项目财务的作用。图7.1反映的是某企业经营计划、产品开发周期计划和项目开发计划之间的关系。而图7.2体现出了项目财务在项目开发系统中的任务（椭圆形内标识），包括资金资源的准备、拨款批准、资源配备和项目财务实时跟踪。

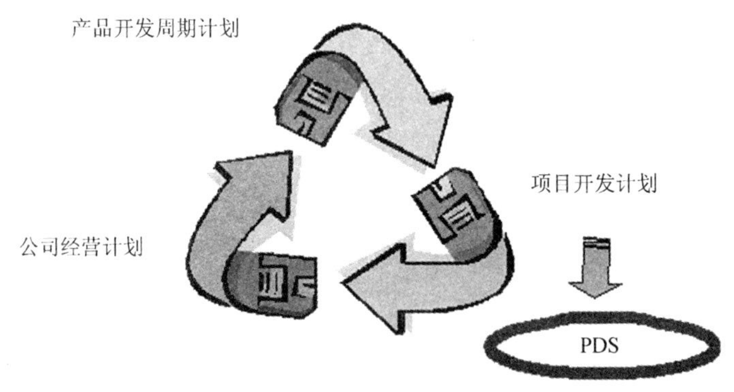

图7.1　项目开发与公司经营计划的关系

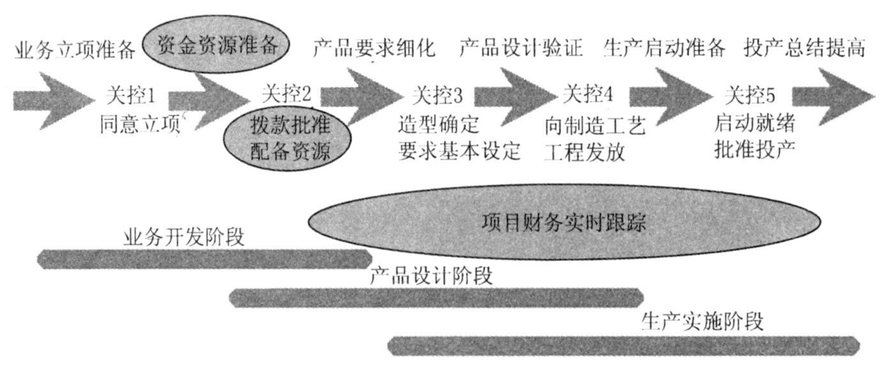

图7.2　项目财务在项目开发中的任务

（二）项目财务的角色及职责

（1）作为项目组成员参加项目组。

（2）设定各项财务目标，如开发成本、投资规模、IRR、ROS、收入及价格等。

（3）立项申报支持（投资预算、成本影响、拨款申请等）。

（4）跟踪、监控项目进展直至SOP（批量生产）后90天。

（5）在项目关键节点提交相应的财务分析报告。

（6）编制项目汇报财务资料（月度项目汇报会，经营委员会和董事会—投资计划和拨款申请）。

（7）与项目组共同制订可行的成本与投资节约计划并指出可能存在的风险及机会。

（8）项目合同的签订审核。

（9）项目费用的收支审核。

这些角色和职责可以通过图7.3了解。而表7.1是项目组成员的职责，其中可清晰地看到项目财务在项目组中的职责。它也是对图7.2的项目财务任务的进一步说明。

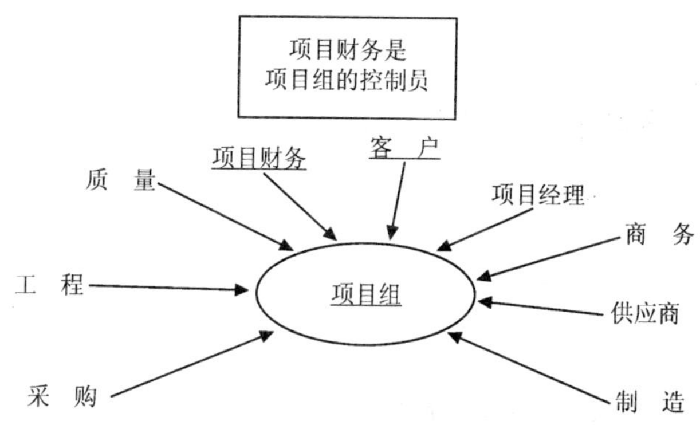

图7.3　项目财务的角色和职责

表7.1　项目组成员的职责：财务分析的任务

	项目组成员的主要职责			
	项目启动	项目批准	造型确定	生产实施
项目经理	项目质量	项目进度	项目成本	项目利润
商务	客户沟通	更改报价		

续表

	项目组成员的主要职责			
制造	产能与布局分析	厂房、设备、模具、工装成本		物流方案
设计开发	产品设计工艺开发	初始物料清单	更改控制	样件验证
质量	质量策划	质量控制（全过程）		
财务分析	准备财务评估	确定目标成本	买制计划	
	确定报价基线	准备拨款申请	跟踪开发状况并对现状（设计变更）进行财务分析及预测	
采购	初期资源	国产化计划	更改控制	
	采购目标确定	供应商管理	采购预算执行	

二、相关的财务概念

（一）关键财务指标

（1）收入：销售产品实现的经济利益流入。

（2）成本：为生产和销售产品发生的各种耗费。

（3）变动成本：指成本总额随着业务量的变动而成正比例变动的成本，包括材料和外协件、直接人工、专用模具和工装的摊销、包装和运输费等。

（4）固定成本：固定成本是指成本总额在一定时期和一定业务量范围内，不受业务量增减变动影响而能保持不变的成本。包括通用设备折旧、固定制造费用、管理费用、财务费用等。

（5）利润：企业在一定时期的经营成果，收入减成本。

（6）IRR：考虑货币时间价值的内部收益率。

（7）PAT. ROS：税后销售利润率。

（二）项目投资

（1）土地和厂房。

（2）通用设备。

（3）专用设备。

（4）模具：客户支付（单独报价）、产品分摊（计入产品成本）。

（5）工装和工位器具（包括夹具和检具、容器等）。

（6）技术开发费：设计开发费、技术支持费、人工成本、试验费、样件（数量）、物流费用、生产启动费用、差旅费等。

（三）利润模型

（1）利润模型是用于衡量项目经济效益的一种工具。

（2）财务应在项目启动时即介入，并随项目的进展定期更新。

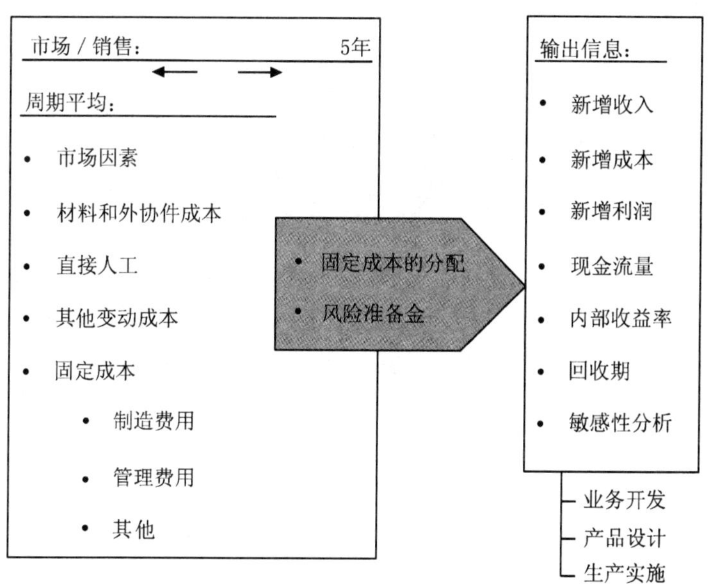

图 7.4 利润模型

根据项目的进展情况，更新各项输入信息，包括：销售的预测、市场因素（通货膨胀预测、工资增长预测、原材料价格趋势、汇率趋势）、已签订定点意向书的采购件价格、已签订合同的各项投资（设备、模具、专用工装）价格等、更新的工艺流程和人工需求，以这些直接成本和间接成本为基本成本数据，再分配固定成本和项目相应的风险金，来计算项目的收益数据。从而得出系列输出指标：新增销售收入、新增成本、新增利润、现金流量、内部收益率、回收期、敏感性分析指标。这些指标用于衡量项目的收益状态，也用于提供给公司内部的业务规划、生产实施等使用。

（四）ABS 简介

图 7.5 为可承受的 ABS（可接受的业务结构）图，图 7.6 描述了 ABS（可接受的业务结构）的主要输入文件。

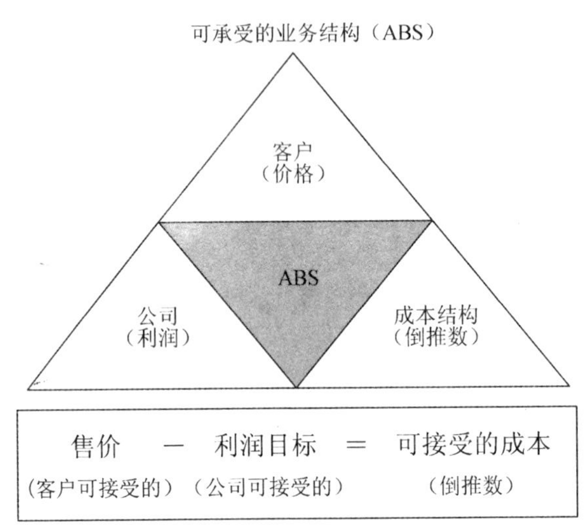

图 7.5　ABS 结构图

ABS（Acceptable Business Structure）即可接受的业务结构，描述了公司新项目业务争取及开发过程中的赢利模式。首先以客户能够接受的目标价格（客户接受的价格是已经确定的）为基础，考虑公司需要达到的赢利目标为成本底线，反推出项目开发中可接受的成本。以此作为项目组开发过程中需控制的成本目标，再将总的成本目标分解到各个环节，即开发过程中需控制的细化成本指标。

完成上述的活动，需要下述的输入内容，见图 7.6。

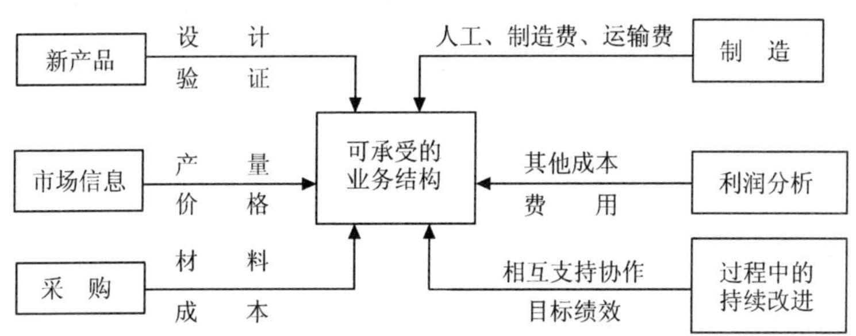

图 7.6　ABS 的主要输入文件

图 7.6 描述了在 ABS 结构图中，在测算项目开发可接受的成本中，所需要的主要输入信息，包括设计和验证信息，构成产品的开发成本；人工需求和制造流程、运输费用等制造信息，构成产品的制造成本；产量和价格预测等市场信息，构成产品的新增销售收入数据；材料单价及采购件成本等采购信息，构成产品的实物成本；分配相应的固定成本。在每个输入项目中寻找可能压缩的成本空间，在开发过程中设定持续改进目标，为公司运作流程的各部门及各环节设定目标，以使项目达到要求的利润目标。

三、项目报价财务分析

（一）报价流程

项目报价主要负责人是项目经理，并涉及多个部门及相关人员。具体报价流程如下（举例见图 7.7）。

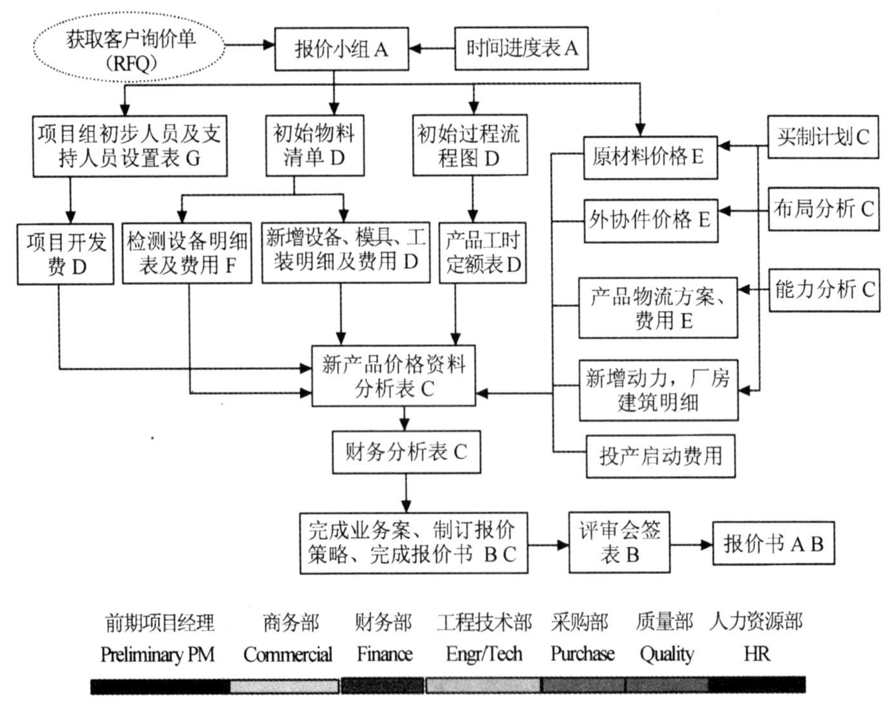

图 7.7　CW公司报价流程图

注：图中字母表示该项目归口于某职能部门负责，其中A为项目经理负责；B为商务部负责；C为财务部负责；D为工程技术部负责；E为采购部负责；F为质量部负责；G为人力资源部负责。

由图7.7可见，报价过程的输入是客户的RFQ（报价需求）和报价进度要求、产品开发进度要求。报价过程的起始工作是成立报价小组，小组成员由各职能部门指定。报价的基础是工程假设，所以技术部产品工程师应先根据客户对产品需求信息输出初始物料假设（它是将产品按制造和装配关系层层分解直至原材料信息的一种工具表单），初始流程图（用于描述产品的制造工艺假设）。根据最基础的工程假设，即可假设开发过程，包括买/制计划、产能分析、布局分析、物流方案、认可计划、检测设备明细、新增设备/模具/工装清单、产品工时定额等，这些明细是产品价格的组成部分。报价小组根据这些过程开发信息进行询价和报价价格假设，具体类别包括：项目开发费用（包括设计费）、新增检测设备费用、新增设备工装费用、人工工时费、外购件/原材料价格、物流包装费用、新增动力/厂房建筑费用、投产启动费用等。所有价格构成发给财务部，财务部负责完成新产品价格资料分析表，完成财务指标的分析。所有报价书要先经管理层评审、批准后方可报给客户，评审时会参考客户目标价。商务部的任务是获取客户询价单并提供给报价小组；在财务部完成财务分析表之后，制定业务案、制订报价策略、完成报价书的撰写工作，参与评审并会签，协同项目经理完成报价工作。而报价参与者包括：牵头人——前期项目经理；实施人——公司业务规划师、相关子公司规划人员、各职能部门派出的工程师（如产品、模具、采购、质量、物流、财务等）；审核人——公司经营委员会成员，等等。具体见表 7.2。

表 7.2　报价参与者

任　务	牵头人	实施人
报价过程	前期项目经理	公司业务规划师 相关子公司规划人员 公司经营委员会成员 前期产品工程师 前期采购工程师 模具工程师 质量工程师 物流工程师 财务分析师 ……
报价审核 （Gate Ⅰ）	前期项目经理	公司经营委员会

（二）项目报价分类

1. 国产化项目报价

（1）单纯国产化项目。

特点：①产品设计完成发放。

②不需要进行设计验证实验。

③有现成产品和工艺可供参考。

④有原配原材料及外协件供应商。

（2）改型国产化（差异化设计）项目报价。

特点：①部分产品设计仍在进行。

②需要进行部分设计验证实验。

③有可类比的样品和知道确切的工艺。

④须对部分原材料进行选择和认可。

⑤可为降成本考虑新的外协件供应商。

主要过程见图 7.8。

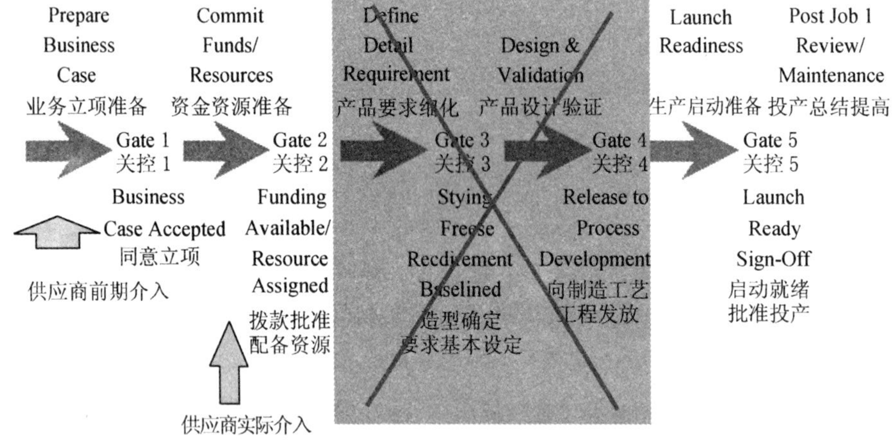

图 7.8　单纯国产化项目报价过程

注：单纯国产化项目底纹部分工作可以省略。

单纯国产化项目分两种类型，一种是总成产品的国产化，总成产品在国外已处于成熟的生产阶段，产品设计与过程开发都已完成，现要将总成生产转入国内，有现成的产品和工艺可以做借鉴，需做某些部件供应商的开发。另一种是整个总成的装配已在国内批产，但因为开发进度或质量风险等原因，个别部件仍是进口件，为降成本而采取的某个零部件的国产化。

这两种类型都不包含产品设计和过程设计。所以阶段三与阶段四的工作基本可以省略。但在阶段五的前期，有国外的工艺在国内工厂的实施过程，可以将全部工艺流程做完整的复制，也可以在国外的基础上在生产启动时做一些改进。供应商的介入一般是从阶段一业务准备阶段开始，因为要分析国内与国外的成本差异，以便给项目确定提供充分的依据。供应商定点在阶段二应该完成，即供应商实际工作的介入是从阶段二开始的。

2. 开发型项目报价

特点：（1）产品设计仍在进行。

（2）需要进行设计验证实验。

（3）无样品和确切工艺。

（4）须对原材料进行选择和认可。

（5）需开发新的外协件供应商。

主要过程见图 7.9。

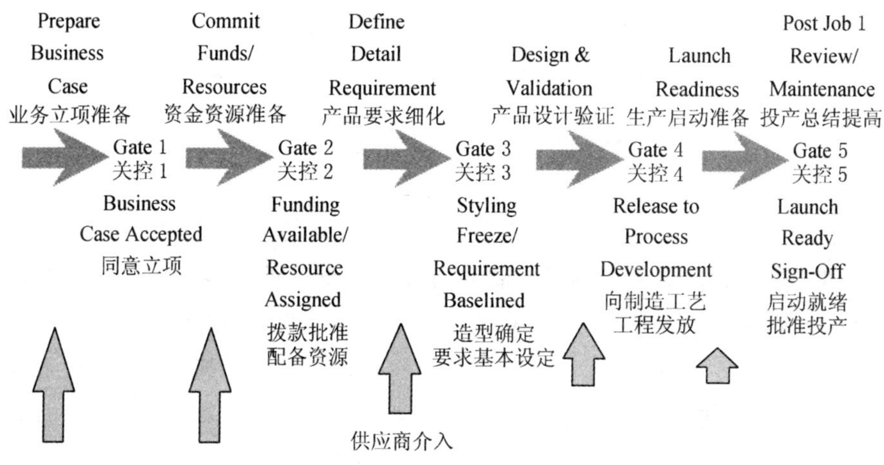

图 7.9 开发型项目报价过程

开发型项目的预定点和定点，见图 7.10。

开发型项目的报价工作是最复杂的，前期客户的输入只是一些概念，在前期报价时只能用一些初步的假设作为价格的基础，然后随着设计信息的逐步完善，不断更新报价，直至项目批产状态，价格才能最终锁定。这类型的项目一般需供应商与 CW 公司做同步设计与开发，所以供应商的介入也是从阶段一开始，供应商的报价也是随着项目进展，每个阶段根据更新的产品细节信息来更新报价，到项目投产时锁定供应商价格。

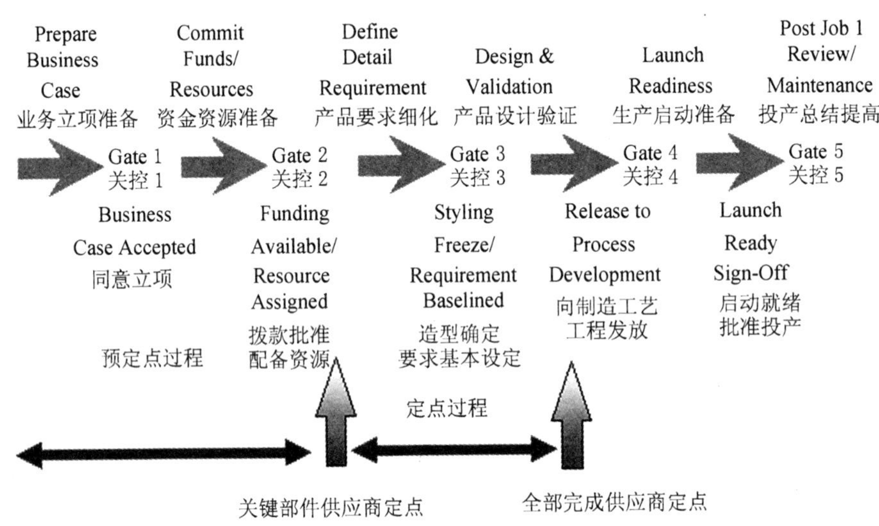

图 7.10 开发型项目的预定点和定点

根据图 7.9 开发型项目的报价过程，对供应商的定点也是循序渐进的，具体见图 7.10。在阶段一先将零件进行分类：关键部件，包括原材料、需同步设计的外购件，一般部件，包括标准件、不含设计的非功能件。关键部件的供应商定点在阶段二全部完成，即在获得客户定点后，关键部件的供应商定点应全部完成，并在阶段三同时参与到设计中来。其他供应商应在设计冻结时全部完成定点，以便供应商有足够的时间完成过程开发。

对于开发型项目，供应商可参与的内容有：

（1）零件设计支持；

（2）原材料推荐；

（3）制造可行性分析；

（4）模具可行性分析；

（5）原材料认可；

（6）设计验证支持；

(7) 工艺验证支持；

(8) 样件制作；

(9) 项目成本估算；

(10) 物流控制方案；

(11) 其他。

(三) 开发型项目采取逼近式报价

1. 逼近式报价的依据

(1) 初步的设计概念和数据。

(2) 公司对该产品的理解和经验。

(3) 合理的假设条件。

(4) 公司与客户的主动交流。

(5) 长期合作建立起来的信任。

2. 逼近式报价过程

图 7.11 是对逼近式报价过程的描述。

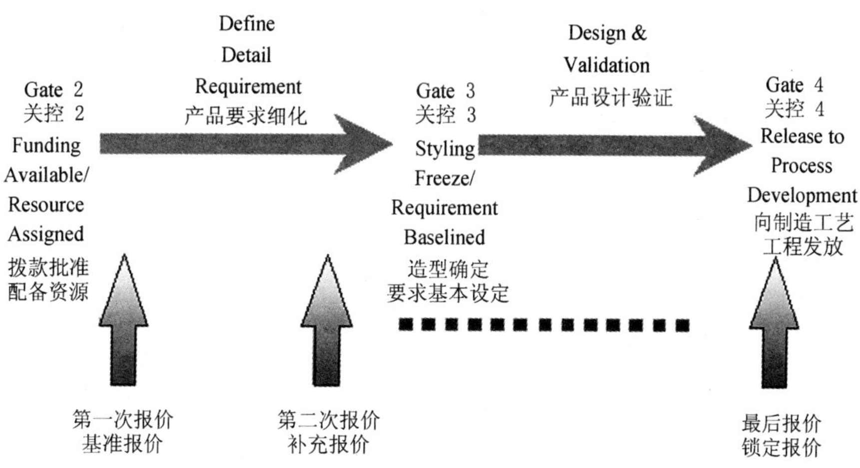

图 7.11 逼近式报价过程

有些客户因在开发过程中经常会有设计变更产生，通常在新项目定点时只掌握其基准报价，不定最终价格，在设计阶段，再做第二次补充报价，在设计冻结时锁定最后价格，对应 CW 公司的项目阶段四结束时锁定价格，这种报价过程称为逼近式报价过程。

（四）开发型项目采取行进中询价

在公司对客户进行逼近式报价的同时，要对供应商进行行进式询价，以作为公司报价的一项重要外购成本的输入。

（1）行进中询价的产品描述方式。

①可类比实样（指在前期未开始设计时，提供一种可类比或借鉴的其他车型的样件作为询价和比质比价的依据）；

②可类比图纸/数据（前期为了询到价格低、质保能力、开发设计能力较强的供应商，以结构、材料、功能类似的零件图纸/数据作为依据进行询价）；

③设计概念表示图（在设计概念图出来后，以此为依据询价）；

④初步设计图纸/数据（在被询零件的初步设计图/数据出来后，以此为依据进行询价，这时数据相对要准确一些，比质比价也会更充分）。

行进中询价的产品描述方式可以为以上四种中的一种或几种形式的结合。

（2）行进中询价的供应商预定点参与（见图 7.12）。

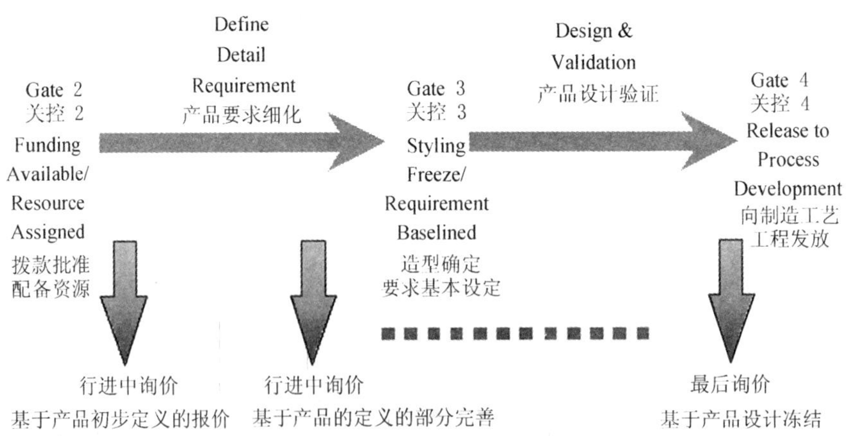

图 7.12 行进中询价的供应商预定点参与

对应于逼近式报价，对供应商的定点可采用行进中询价的模式，具体见图7.12。通常在阶段一报价时先基于产品初步假设定义进行第一次询价，并根据供应商的报价结构、产品开发能力确定一家供应商做预定点，在开发的过程中，随着客户需求的变化和产品设计的进展，做阶段性询价，以便能给客户提供有依据的报价。在产品设计冻结时，做最后的询价和定点。

（五）报价财务分析

（1）获取相关资料。

RFQ、产品生命周期、产量计划、量产日期（客户经理获取客户信息，业务规划师根据客户信息做内部预测）；

BOM 及采购价格、工艺流程、生产工时、物流方案（产品工程师和项目采购等负责）；

厂房、设备、模具、工装能力和成本分析，开发费预算，投资进度（工艺工程师和业务规划师等负责）。

（2）产品价格分析。分析汇总上述信息，计算生产成本（项目财务负责）。

（3）确定财务目标。经过了相关数据的收集与分析，财务分析就要按照分析的结果提出相应的财务指标，比如 IRR 不少于百分之多少，ROS 不少于百分之多少，特殊情况下可做适当调整（如战略报价、机会报价等）。

四、项目财务跟踪与控制

（一）项目财务控制的基本内容

项目财务控制的内容既包含变动成本中的材料和协配件成本控制，又包含固定成本中的投资和开发费用的控制。做好项目财务控制具有重要的意义，它是提升客户和股东价值的关键，是未来收益和现金流的来源，也是可持续发展的条件。

在得到客户的定点书后，项目组正式成立，首要任务是编制项目的预算即拨款申请。以报价状态为基准（技术描述与商务描述状态一致），再次审核项目的各项基础信息：产品数据、工艺流程、资源配置情况、生产准备条件、开发费用的使用清单、测试验证的任务清单。产品的状态在报价完成后，会持续发生更改，如果是全球同步开发的新产品，设计更改的工作量会非常繁重。项目组通过再次审核各项内容及对应的各项投入和成本数据，以确认财务的各项风险和机会。同时根据新的产品状态，再次编制财务分析，作为拨款申请的基础，每一项的投入、成本及资源配置的内容和数据，拨款申请与财务分析需要保持完全一致，以确保项目的收益指标数据真实可控。

项目财务在编制拨款申请过程中需要控制的环节是保证项目申报预算时的财务收益指标不低于报价状态的财务收益指标。

拨款申请编制后，按照申请额度的大小，以及董事会的授权额度，经公司内部审核后，或由公司领导批准，或根据授权在公司领导批准后报公司董事会批准。

经过批准后的拨款申请是项目组开展工作的标准和依据，是控制项目收益状态的标杆和准绳。项目的财务跟踪控制主要有两项工作内容：一是项目的投资总额，二是产品投产后的收益指标。预算额度的批准是建立在产品收益指标的保证基础上，同时投资额度在工艺流程和后期的产品分摊上会影响产品的收益指标。财务跟踪结果的数据展示有两个方面：一方面是对单个项目的跟踪控制，反映项目的全过程的预期达成数据；另一方面是正在开发阶段的全部项目的跟踪控制数据，反映当期的截面实际数据。

在项目开发的全过程中，财务人员需要与项目经理密切合作，动态监控项目运作中的各项投入及成本变动情况，以确保项目的财务状况处于受控状态。

首先，财务人员需要按照日历的顺序，根据项目的时间节点，把已批准的项目预算总额度进行分解编制，按照项目开发的总时间跨度来合理安排各期费用和投入的发生，一方面是纳入公司的年度资金使用计划，以确保对项目提供资金保障；另一方面是从财务角度来透视项目进度，以确保项目处于良性循环中。

其次，在项目正常的开发过程中，需要每月编制项目的财务状态跟踪和预测表，结清并汇总实际发生的费用和已经签订的合同，同时根据项目的进度安排后期的费用计划和待签订的合同信息，来滚动编制项目的预测数据。

每月根据预测数据与预算数据，进行对比分析，同时进行偏差分析，分析项目现阶段存在的风险和机会，对项目的收益进行预警预报，为项目经理提供财务建议。

对于大的投资项目，配合项目经理对多种投资方式进行数据分析，寻求效益最大化的解决方案。对于占成本比重较大的采购件，配合工程人员编制每个采购件的目标采购价格，确保产品成本在受控范围内。对于工程变更项目，配合商务人员，对客户进行变更报价，确保产品收益不因工程变更而降低。

项目财务人员需要对项目有充分的服务意识，保持与项目经理的密切沟通；同时项目经理也需要有成本控制介入的主动意识，对项目财务提出的风险预报需要迅速反应，防范可能出现的风险，并实现可能存在的机会。

项目结束做关控 6 评审时，项目的财务状态汇报是其中的一项重要内容，包括对项目预算额度、实际执行额度、投资的节超分析、产品的预算收益指标、量产收益指标、实际收益与目标收益的对比分析。报告内容是评价项目目标是否达成的重要依据之一。

（二）材料（自制与采购件）成本控制

1. 了解材料成本状态

（1）材料。

①材料清单（包括编号与单件用量）；

②材料价格（包括每年降价比例）。

（2）自制件。

①自制件材料用量；

②自制件制造成本。

（3）国内外采购件。

①确定采购目标价；

②比质比价，确定供应商；

③供应商每年降价比例。

（4）其他。

①计提准备（废品损失等）；

②关税和汇率。

2. 材料成本控制中项目组的责任

①协助客户经理取得定点；

②制定每个零件的 BOM 清单；

③协助项目财务确定材料目标价；

④跟踪/验证工程更改；

⑤报告投产时与目标状态的比较；

⑥确保为与项目相关的业务计划和预测提供输入。

3. 材料成本的控制（见图 7.13）

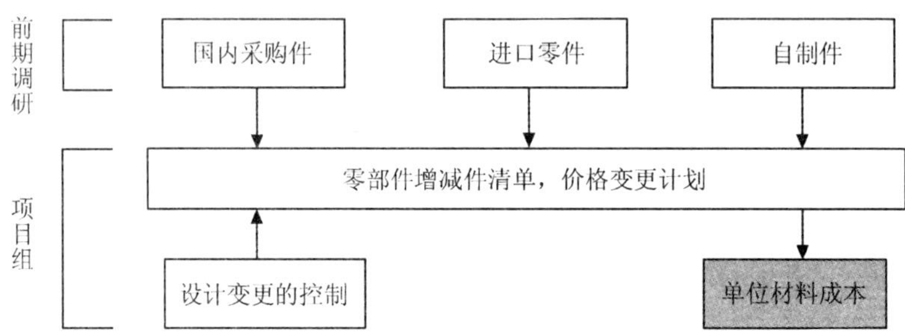

图 7.13 材料成本控制图

4. 更改对财务指标控制的影响

（1）更改控制。更改控制是指从项目立项开始一直到项目批量投产前，所发生的一些设计、工艺、功能等范围的变更，具体见“更改控制程序”，因变更会带来财务上的影响，所以需要项目财务积极参与（与工程师一起工作）。

（2）更改控制的重要性。

①项目组采取行动的信号（成本、价格、时间节点变化）；

②批准的变更材料（重量、牌号及供应商）需更改物料清单；

③项目更改控制对盈利的影响，具体见图 7.14。

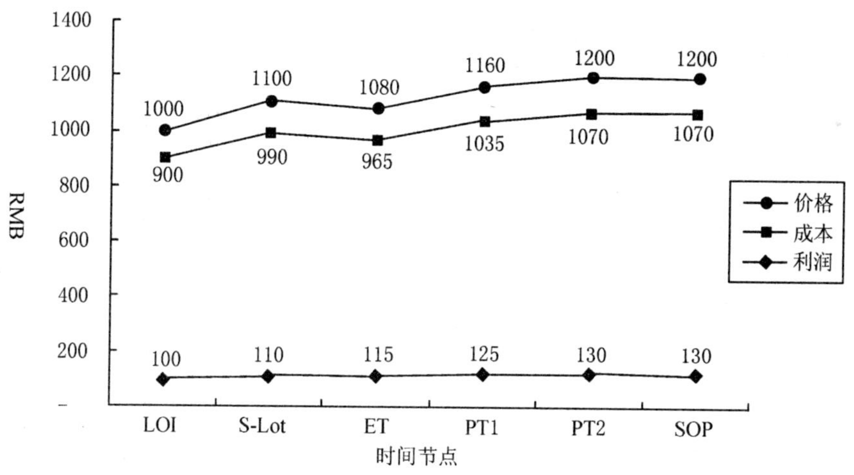

图 7.14 项目更改控制对盈利影响的示意图

（三）总成本控制（见图 7.15）

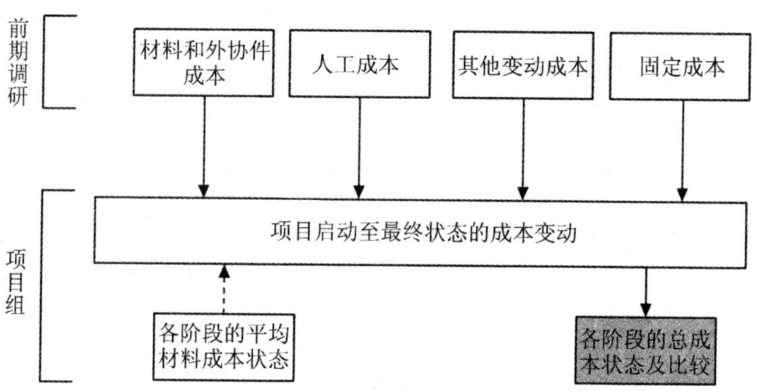

图 7.15 总成本控制图

（四）投资控制（见图 7.16）

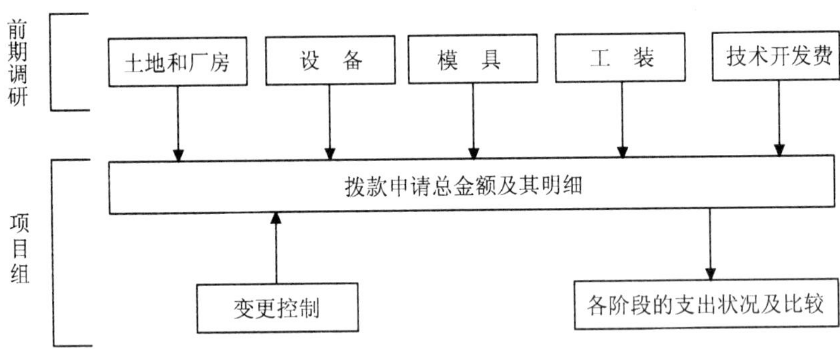

图 7.16　投资控制图

（五）进度中的控制（见图 7.17）

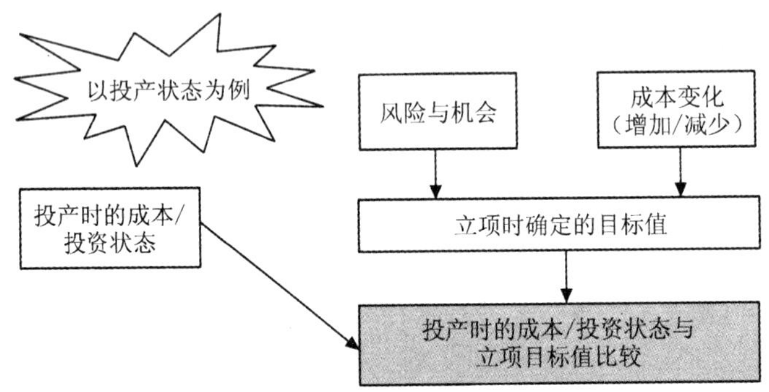

图 7.17　现状与目标值的比较

（六）项目时间节点财务控制（见图 7.18）

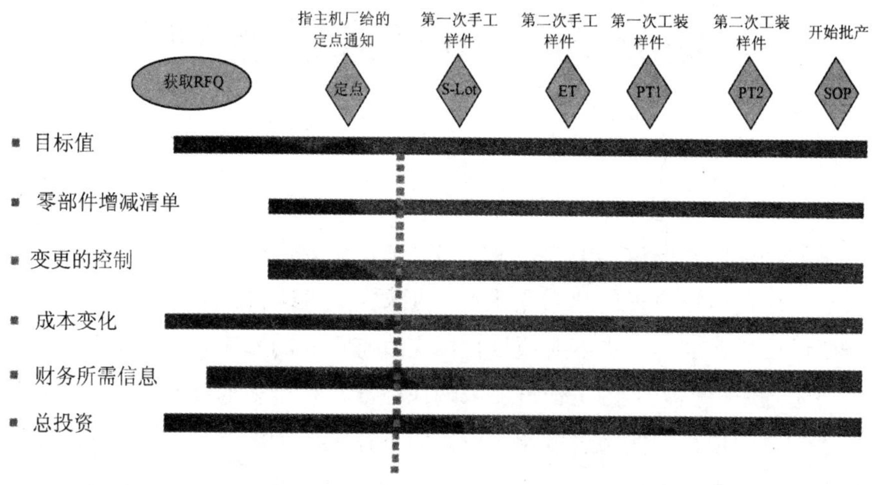

图 7.18　项目时间节点财务控制图

以虚线为界，虚线以前是前期项目财务工作，虚线以后是项目全过程的时间节点财务控制。

第八章　项目采购管理

采购是项目管理过程中的一个重要环节，重要性体现在以下几个方面：一是采购费用占项目投资的比重很大，一般要占项目投资的60%以上。二是采购物资的质量、成本、进度对项目目标完成有重要的影响。三是采购过程在整个项目管理中占据较大的工作量。采购往往涉及相当多的外部部门，采购的时间应该与整个项目的实施进度相适应，而且往往要考虑的是项目整个生命期的费用，而不是光考虑最初的采购价格。一般来说，供应商提供货物和服务的价格是在客户发出的RFQ（报价需求）的基础上确定的，一般情况是多方竞争报价的结果，也可能是商务直接谈判的结果。

采购也是一个供应商竞争的过程，采购物资报价、供应商询价和客户行情的变化等都要受许多因素的影响。项目采购不是简单的买卖过程，它涉及全过程的开发跟踪与管理，在采购管理过程中还涉及招投标管理、合同履约等。

一、项目采购概述

（一）项目采购的概念

采购（Procurement）就是千方百计获得性价比高的产品或服务。项目采购与一般的商品买卖不同，它不是一种简单的交易，除了产品交易外，还包括采购前的准备和定点后的过程管理。采购管理类书籍中将项目采购管理定义为："为实现项目的目标，而从外部获取货物和服务所需的过程。"通常把货物和服务（无论是一项还是多项）称为“产品”。

项目采购是一个过程，它包含买卖双方为了各自的目的，以商定的方式相互作用，本章所讨论的项目采购是在考虑了买者与卖者之间的关系之后，从买者的角度来进行的。项目采购管理过程中合同条款一般由买方先起草，双方经过一定时间的协商和准备才能达成，采购合同是项目开发过程中对供应商管理的一个重要依据。

任何项目的执行都离不开采购活动，如一个总成产品的开发需要专用原材料、外协件、开发新的设备、工装模具、检具、认可试验需要部分或全部外委、零件的运输需要外委。这些项目投入物或服务都是通过采购获得的。可以说，采购工作是项目实施过程的关键环节。采购管理成功与否是一个项目实施成败的决定因素。如果采购管理不当可能会出现设备、材料的质量问题，使成本上升，交付延迟，最终导致项目不能成功。因为项目的基础是需要合格的供应商提供合格的原材料、协配件、工装设备等，这些都是通过采购获取的。项目的成本构成中，供应商原材料、外购件、设备工装等占绝大部分，所以，只有控制好采购成本，项目管理的经济效益才能体现。另外，不论是原材料、外购件供应商开发的进度，还是设备工装的进度，都会影响项目总进度，导致零件无法按时交样。产品是由原材料和外协件构成的，产品的制造是由设备和工装完成的，所以项目采购所获得物资的质量对项目产品质量有着重要影响。

（二）项目采购的分类

项目采购可以分为货物采购（也称有形采购）和服务采购（也称无形采购），不仅包括购买货物，而且还包括运输服务外包和设计外包等。其中，有形采购可分为生产性物资采购和非生产性物资采购。具体如图 8.1 所示。

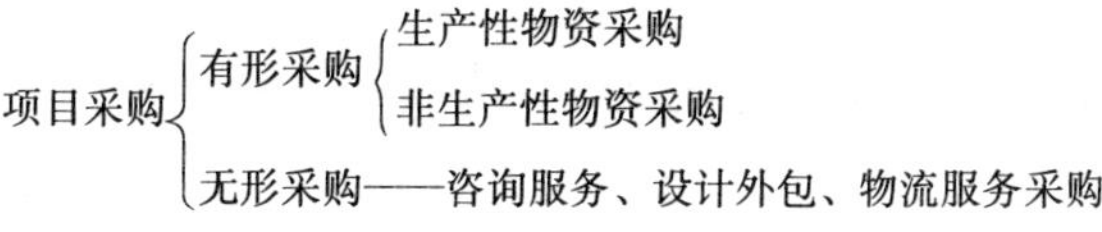

图 8.1　项目采购方式

（1）生产性物资：产品生产用原材料、外协外购件、外包生产工序；模具、检具、工装、设备等固定资产；手工样件、快速成型样品样件。

（2）非生产性物资：办公用品、间接材料（如辅料等）。

（3）咨询服务：工程技术服务、设计服务、造型服务、租赁服务、委外测试等各类服务。

（4）物流服务：国内外采购物资及对客户交付物资的仓储、运输、配送等。

所有以上四类采购的控制都包括：提出采购申请、选择供应商询价、供应商定点定价、签订合同、产品交付与验收、付款等控制点。生产性物资的采购因有其延续性，对公司产品的质量、进度、价格影响最大，过程最为复杂。除了以上这些控制点，还包括采购前潜在供应商的审核、供应商过程开发、供应商批产管理等。

（三）项目采购管理中的有关角色

根据项目采购所需物资的分类，通常由不同的采购工程师来分担其采购任务。这样，在一个公司可以做采购的专业化，所有采购资源的共享。项目采购至少由四名采购工程师在项目组工作，一名负责所有原材料及外协件、外包工序的定点及开发，即生产性物资中产品组成部分的采购；一名负责生产性物资中模具工装、设备等固定资产的采购；一名负责咨询、服务与样件等的采购；一名负责物流服务的采购与优化。

（四）项目采购相关术语

在描述采购管理的原则时，本章的“二、项目采购管理的原则”以CW公司的采购通则为例进行了描述，现就本章节涉及的采购通则中用到的术语进行解释。

1. 产品

泛指公司的自制件、备件等或指外协件、原材料，该产品由一个或多个外协件组成。

2. 外协件供货

作为订货合同的标的物，指供应商提供给公司的毛坯件、零件、部件、材料、总成或分总成，或者供应商对由公司提供的毛坯件、零件、部件、总成或分总成进行加工处理，可以作为最初样件、预批量供货、现生产供货或备件。供应商向公司提供的所有的供货，均带公司专门的指定名称和编号。

3. 联合开发设计

指委托开发和合作开发两种形式。

4. QSTP

质量（Q）、服务（S）、技术（T）和价格（P）评价体系。目的是在供应商定点定价时为选择具有最高性价比的供应商而采取的评价方式。

5. 定点意向书

指在咨询报价、谈判阶段完成之后，公司与预选供应商签署的关于产品开发的采购临时合同。该合同由多份合同文件组成，其中特别包括技术任务书、供应商最终和完整的报价清单和公司通用的采购通则。

6. 供货协议书

是双方签署的现生产采购合同文件。订货协议书包括现生产订货开口合同（现生产供货、备件）和/或现生产订货闭口合同。现生产订货开口合同不含交货数量，有待在交货令中确定；现生产订货闭口合同中数量和交货期限已予确定。

7. 知识产权

泛指对任何文学、艺术和知识产权方面享有的权利，特别是专利、商标、外观设计和模型、计划、工艺、专业知识、制造秘密、软件或所有类似或相同的权利。

8. 物流技术任务书

是公司有关物流方面的所有要求的总和，包括：运输、包装、安全库存以及物流类型等，这些也是物流成本正确计算的必要因素。

9. 供货模式

供应商的供货模式包括：周期供货、批量供货、看板供货、同步配送等。各供应商的供货模式在物流协议中体现。

10. 月度订单

周期供货、批量供货供应商的交付令。订单中含 4 周的正式要货计划和两个月的滚动预测。供应商按正式要货计划送货，参考预测准备自己的库存，以满足公司的后续订单。这种订单一般适用于标准件，如卡扣、螺钉等。

11. 滚动计划

日配送供应商备货参考。一般公司滚动计划为3个月，滚动计划含次月和后续两个月的需求预测，每月更新。

12. 周配送计划

看板供货中日配送供应商的交付令。

13. 同步配送计划

按客户生产节拍，同步实施供货，一般为半小时至两小时不等。

14. 零件交付

供应商按订单或配送计划中的品种、时间、数量，按物流协议中的包装规定、交付地点及质量协议中的质量规定，携带交货单、自检报告完成对公司零件的交付。

15. 停线

公司生产线停工待料，最终生产计划未能按时完成。

16. 交货令

是指公司按某供货的交货时间表，就某交货地点对外协件的需求而做出的明确指示。

17. 安全库存

是指供应商符合现行技术定义的合格外协件的一定数量的库存（现生产的外协件和备件）。

18. 入库结算

是公司与供应商之间的一种资产转移方式，当且仅当公司对到货的外协件进行抽检合格并入库后，才视为公司对资产的接收。公司仓库的范围仅包括：公司外协件仓库（或公司委托的第三方物流服务商外协件仓库）、同步外协件卸货中转区、交替式物流超市，不包括供应商的第三方中转库。

19. 供应商的产能

是指供应商在与公司所签署的合同所约定的时间内生产出满足公司质量、准时交货前提条件下的外协件数量的能力。

20. 上线结算

指按结算周期内实际消耗的零件数量与供应商结算，公式为：

结算周期内零件上线数量－车间料废退库数量＝供应商外协件结算数量

二、项目采购管理的原则

（一）总则

为了将公司的采购要求、对供应商的期望在项目定点时清晰地传递给所有供应商，通常将采购管理的原则编制成《采购通则》，在项目前期阶段咨询供应商时发给供应商。《采购通则》是与供应商关系的合同文件，是公司与供应商所签署的所有商务合同的基础和不可分割的一部分，公司与供应商均应严格遵守。

（二）咨询与报价

1. 基本原则

（1）项目咨询由项目采购工程师进行。项目采购工程师将同一份咨询文件发给 3～4 家供应商进行咨询。一般情况下，只有合格供应商或通过公司潜在供应商评审并合格的潜在供应商才具备被咨询的资格。

（2）向供应商提出咨询，不构成公司与该被咨询的供应商进行谈判或签署合同的邀约和承诺。

（3）供应商发出报价，作为对咨询的回复，这就意味着该供应商：

①自己具备相应的开发能力、生产能力和/或交货能力，完全符合所要求的外协件质量标准和交货要求；

②接受《采购通则》；

③接受报价咨询书的各项条款。

（4）供应商应以咨询文件中所要求的内容拟定报价书，并回应报价邀请书中的要求，报价应准时、完整，公司有权拒绝延时或不完整的报价。

（5）供应商应对咨询文件和报价书的存在及其内容严加保密。

2. 咨询文件 RFQ 的组成

（1）新项目介绍，包括：计划产量与节拍、某车型不同配置的数量比、项目总体进度要求等。

（2）技术、质量文件：

①技术文件：包含产品技术任务书、物流包装技术任务书、图纸（包括但不限于 2D/3D 数字化定义）以及相关技术标准、样件要求等，但不一定包含所有的。需要指出的是：在咨询时提供的图纸（包括但不限于 2D/3D 数字化定义）可能是功能图。

②质量文件：项目开发系统要求、过程质量保证能力要求、产品质量要求（包括质量目标等）。

（3）商务方面的要求，包括：价格构成明细、降价计划、报价假设、初始物料清单、模/检具清单、设备清单及当前利用率、包装物流假设、报价范围等，以及被咨询的供应商提交报价的最后期限、项目开发节点要求等。

3. 咨询阶段

（1）报价启动会。在供应商报价之前，项目组组织召开供应商报价及技术交流启动会，公司各方（产品技术部、质量部、工厂、采购部、财务部等）将与所有已咨询的供应商进行交流、沟通，包括但不限于：

①介绍或者解释《采购通则》和项目要求；

②解释咨询范围及所咨询的外协件；

③解答疑难点以及公司技术要求（包括但不限于如 2D/3D 数字化定义的要求）、质量要求（包括但不限于质量目标等）；

④解释包装、仓储及交付等物流技术要求；

⑤交流公司对咨询外协件成本的期望和报价内容的格式要求；

⑥考虑或者采纳供应商的建议。

需要明确，供应商在报价之前应该确保其对咨询文件和《采购通则》的完全理解，并且已经清楚明白公司咨询文件的所有需求和要求的全部内容，其报价即意味着对有关内容的完全理解。

（2）供应商报价。供应商报价主要分为两部分：技术报价和商务报价。

①技术报价包括但不限于：

第一，零件物料清单（BOM）、工艺流程图、模/检具清单、产能规划、开发周期。

第二，价值分析/价值工程（VA/VE）。

第三，质量目标的实施方案和计划。

第四，供应商必须对制造的可行性进行分析。供应商通过产品结构分析，早期识别产品潜在的风险、既往发生过的缺陷，预备采取的对策，并在报价时向公司提交。

②商务报价包括但不限于：

第一，包括和不包括专用工装模具的产品报价。此报价包括所有开发费用（如果有的话）的分摊折旧。

第二，专用工装模具（见第八章第二节第十部分供应商专用工装模具）的报价。

第三，物流成本的报价，即外协件出厂后到交付给公司所发生的费用，包括：包装价格、运输价格、第三方中转库仓储价格（如要求的话）、配送价格、容器返空价格等。

第四，对专用工装模具的报价，要求供应商按咨询文件确定的计划产量进行分摊折旧，供应商应该给出详细的分摊折旧明细和计算方法。

需要明确，供应商应严格按照公司规定的"供应商报价表"格式报所咨询外协件的"到达目的地"（无论地点在何处）的完整价格及各部分价格明细构成。供应商在每一次所报价格中需注明：包装的类型、咨询外协件的制造地点、构成外协件的材料、总成、分总成等。

（3）供应商报价分析。在供应商正式报价之后，公司将通过技术介绍会议和商务谈判形式，要求供应商向公司相关部门详细解释其报价并接受咨询。

①技术会议的重点是供应商介绍其满足公司咨询文件和质量要求（包括质量目标等）的实施计划方案、外协件开发进度计划和技术降成本的建议或者方案等，以及介绍并回答公司各部门所关注的问题。

②商务谈判是对供应商报价的合理性和竞争力进行分析和谈判，以满足公司成本目标的期望以及供应商满足《采购通则》的要求。

在定点前，公司各部门将分析和评估供应商是否有能力满足公司技术、质量、物流以及成本的要求和期望。

4. 咨询阶段结束

（1）在各部门对供应商报价的技术评审和商务谈判结束之后，供应商对公司咨询文件的所有需求和要求的全部内容做出承诺，公司各部门对此进行确认并达成一致，公司依照 QSTP 综合评价的原则并按照采购流程从参加报价的候选供应商当中选择一家供应商作为该产品开发的供应商。

（2）供应商承诺按照双方约定的条件向公司交付合同标的物、在任何情况下遵守《采购通则》中所作的规定。

（3）在此基础上，公司采购部将与该供应商签署《定点意向书》。

（三）采购合同

1. 在项目阶段的采购合同，是以《定点意向书》的形式与供应商签订

（1）《定点意向书》的组成文件，包括但不限于以下清单中的文件：

①技术协议；

②质量要求（包括质量目标等）；

③公司认可的供应商开发计划；

④物流要求；

⑤供应商完整的最终报价。

（2）《定点意向书》中的价格为双方在咨询的最后阶段，正式谈判所达成一致的现生产供货临时价格。此价格是该合同项下的外协件到达合同指定地点的不含税价格。在产品开发过程中，如果由于产品定义、原材料或其他商务原因等发生变化而引起价格的变化，由双方进行正式谈判以确定最终价格。这些谈定的、达成一致的价格将列入《定点意向书》的附件中，作为在相应阶段双方签署相应订货合同的价格依据。

2. 在供应商项目开发进入 SOP，且产品获得公司生产件的批准，即可签订供货协议书

（1）供货协议书的签订基于但并不限于以下条件：

①供应商开发的工装样件被公司认可；

②供应商开发零件的 PPAP 资料及样件被公司认可；

③供应商的批产前评审和节拍评审通过；

④供应商开发的零件得到公司正式签发的 PSW（零件交付承诺书）；

⑤通过公司最终核价；

⑥在签署了包装物流协议后；

⑦在签署了产品的质量验收协议后。

在供货协议书中双方确定现生产产品的供货价格、价格有效期、交货期限、交货地点或者交货数量等的现生产供货的订货合同。供货协议书可以涉及一个或多个外协件。

供货协议书需要正式进行编号，并按公司流程进行审批。

供货协议书是纸质形式的订货合同文件，由双方法定代表或者其授权代表签字并加盖双方合同专用章之日起生效。供应商在签署盖章后必须将订货合同用挂号信寄给或者当面交给公司项目采购工程师。

如双方签署的合同欠缺具体、明确的规定，供应商在任何情况下，皆不能就公司或维持供货协议书提出享有实际独家权的主张。

（2）供货协议书价格。一般情况下，首份生产订单的价格是《定点意向书》所确定的价格。每份供货协议书的价格是在上一份供货协议书的价格基础上，按照《定点意向书》签署的降价承诺并经双方协商或谈判后确定的价格。当公司的用户提出下降成本的要求时，供应商应协同公司做出相应的下降成本计划。每一份供货协议书价格的变更，供应商应报该变更价格的完整的报价，作为该供货协议书的不可分割的合同组成文件。

3. 供货协议书的变更

对于供货协议书中的某一要素进行的变更都将由各方进行协商或正式谈判，然后由采购工程师根据不同情况，重新制订新的供货协议书或者编制一份供货协议书变更条款，变更可能是：

（1）对供货协议书的价格做出必要的变更；

（2）对技术协议做出必要的变更；

（3）就与供货有关的某一物流条件做出必要的变更（仅限于包装和供货类型）。

涉及外协件价格的变更，双方将签署一份新的供货协议书来取代原有的供货协议书。其他的变更，双方可以签署一份变更协议，作为对现行合同的变更。合同的变更将从约定的生效日期起执行。

4. 合同分包或外委

（1）基本原则。

①供应商负责在合同有效期内保证其分包商或者外委供应商的供货能力和供货的质量，并遵守双方之间的对质量体系的要求。

②在任何情况下，供应商对于公司来说，始终是“合同”实施与否的责任人。因此供应商不能要求公司向其他的一个分包商或者外委供应商直接付款，除非公司与该供应商签署有特殊协议。

“合同”的全部分包等同于“合同”的转让，因此按照以下述“5. 合同转让或转移”的规定，全部分包应该得到公司事先的书面同意。

（2）分包商认可程序。

①当需要采用分包或者外委的时候，供应商应执行如下所规定的认可程序：

第一，在其最初报价当中，供应商应明确指出需采用分包或者外委，并且在尽可能的情况下对此分包或者外委进行说明；

第二，供应商向公司通报有关其与自己潜在的分包商或者外委供应商之间谈判的进展情况；

第三，一旦供应商和其分包商或者外委供应商达成履行“合同”的契约时，供应商最迟应在提交最终的完整报价之前，要求公司对其分包商或者外委供应商进行认可。

②公司可以拒绝接受供应商的某一个分包商或者外委供应商。必要时，对于关键的外协件，公司有权与供应商一起选择其分包商或者外委供应商。

5. 合同转让或转移

在任何情况下，没有公司事先书面同意，供应商不能无偿或有偿或者以任何形式，包括以增加新股东或原有股东转让股权的形式或者与他人签署联营合同、委托加工、合作或者合资合同等一切相关或类似形式转让合同的全部或者部分权利义务。

6. 供应商审核

（1）为了保证双方签署的合同的正常履行，在公司遵守履行现行保密和安全义务的情况下，公司有权在供应商的工厂安排进行所有有关生产运行、质量、供应商物流、专用工装模具、包装以及产权属于公司的所有设备（通常情况下是用于外协件制造的生产设备）的现场核查。

（2）当公司希望进行或者安排进行对供应商、其分包商或者外委供应商进行审核时，公司会事先将审核的要求发给供应商，以便保证审核的效率。对于特殊情况，公司也可以事先不通知供应商而进行突击审核。

（3）公司有权在任何合理的时间委派其授权代表，检查供应商根据订单要求的任何与付款有关的文件和材料。供应商应在根据订单完成服务或交付外协件之后将所有与订单有关的账簿和记录至少保存两年。

7. 供应商的义务

（1）供应商必须按照双方签署的订货合同向公司交付现生产订货合同的标的物。

（2）需要明确指出的是，如果合同标的物是一种备件，供应商承诺能够在下列期限内向公司供应备件：

①对于相应的主体车型从批量停产之日起十年内，供应商必须向公司提供合同项下的备件。对于特殊市场（政府部门、军队等）需要更长的时间。公司将在相应的市场确定之后尽快通知供应商。

②公司将通过足够的、合理的预告期来通知供应商公司某一种备件的停产决定。根据供应商质量保证程序，对于现生产订货合同来说，停产必须通过双方达成一致的终止合同的协议来进行。

（3）在供应商的备件供货存在风险时，供应商应将此情况通报给公司，双方将一起研究能够继续保证公司供货的替代办法。

8. 公司的义务

（1）对于不是保密条款所严格禁止的、公司掌握的而供应商未能够了解或者不可能通过其他渠道及时了解，却又是供应商为正常履行现生产订货合同所必不可少的信息，在供应商承诺保密的前提下，公司应向供应商提供该信息。

（2）公司及时提供其拥有的、与合同项下的外协件有关的技术资料。该技术资料包括有关产品的总成图或功能图、产品图及数字化定义、技术要求、试验方法、产品的设计寿命周期等。公司对供应商提出的疑问应进行解释和说明，并对供应商进行技术支持。

（3）对于合同项下的外协件有关的更改，公司将尽快通知供应商。

（4）公司鼓励和支持供应商旨在力求增加可靠性、改善质量、降低成本等提出的建议或者通过价值分析和价值工程方法，提出满足用户需求、改进产品竞争性的任何建议或技术方案，只要所建议的方案能够满足技术任务书要求，公司应尽快安排对其进行可行性评估。如果具有可行性，公司与供应商一起共同实施，所获得的收益，由双方共同分享。

（四）发票与结算

1. 发票

供应商应严格遵守国家现行法律法规中针对开具发票的规定，还要遵守以下原则：

（1）有效合同才能开具发票，发票单价应与合同中一致。

（2）发票对应供应商上月经公司验收合格的所有交货凭证，发票对应的外协件货物数量是指经公司验收合格的数量，所有发票都用正本一式一份提交公司发票接受部门。

（3）批量送货，每月只开一份发票的，按月汇总零件数量开票，发票中注明按交货品种（产品号、名称、数量、单价、金额合计）的汇总合计，备注栏中注明所开时段的日期范围。

（4）交货品种较多时，可以发票后另附发票清单，每份发票在交货后的次月提交公司。

（5）对所有不符合上述规定的发票，公司可以不对其进行会计记账，将其退回供应商，由供应商重新开具符合规定的发票。

2. 结算

公司验收单作为外协件所有权的转移节点，但该验收不能免除供应商应承担的责任和义务，包括但不限于质量责任。

除非双方另有商定，一般情况下，公司应在收到供应商合格零件后的 60 天或 90 天（视公司的客户与公司结算的时间来确定）内结算货款，当月交送的发票当月不予结算。

公司在对供应商拥有有效债权时，可以在前项规定的应付货款中冲抵该债权。

未经双方事先书面一致同意，供应商不得将应收款项转让给任何第三方或让任何第三方托收应收款项。

公司将在每月月初汇总供应商到期应付款项并进行结算，支付方式为现款和承兑汇票（最长6个月期限）。现款部分通过转账支票或电汇方式结算，承兑汇票部分可由供应商指定专人办理。

3. 冻结与划款

根据中国相关法律规定，对于中国司法机关向公司出具的对供应商的货款冻结或者划款司法文书，公司将据此办理对供应商相关货款的冻结或划款手续，供应商对此不得持有异议，并自行解决所涉及的法律纠纷，并确保公司不会因此受到直接间接经济以及商誉损失。

（五）供应商管理的阶段划分

供应商开发和量产管理的阶段划分和各阶段主要任务是：

（1）潜在供应商阶段（报价阶段，具体要求见“本章咨询与报价”），所需进行的活动，按顺序包括：

①供应商问卷调查，初步筛选供应商。

②潜在供应商审核（现场审核供应商的生产和质量能力）。

③RFQ 报价咨询。

④QSTP 评价。

⑤供应商定点（定点意向书）。

（2）初始供应商阶段（项目阶段），在双方签署《定点意向书》后，供应商应严格按照公司 PDS 和客户特殊要求开展产品开发工作，并对其定点意向书范围内的零件实施控制，以获得产品和工序的质量。其活动包括但不限于：

①供应商职责分工，培训供应商关于项目特殊要求。供应商应成立专门项目小组，并输出小组联络单给公司。在项目开始启动时，公司采购部门负责召开新项目供应商启动大会，供应商项目小组负责人、质量工程师、产品工程师等必须参加。在启动会上，明确供应商的职责，培训该项目开发的特殊要求。一般遵循的原则是，当主机厂有特殊要求时，将主机厂特殊要求整合到公司项目开发体系中进行。当主机厂无特殊要求时，完全按公司开发体系进行。

②产品定义确定。供应商在收到公司正式发放的技术文件（包含但不限于2D、3D 数据，技术标准、样件等）时，必须在接收清单上签字确认，以此作为正式开发的依据。供应商应在第一时间内对收到的技术资料进行评审，存在

疑问或资料缺失可以与公司相关工程师沟通，发现产品定义有错误或有理解上的问题应及时与公司产品工程师进行交流。

供应商在接收到技术资料的同时应该同公司产品工程师签订技术协议，开发过程中严格遵守技术协议的相关要求。

③评审供应商项目策划文件，确认供应商项目总体状况。供应商应按期提交当前状态的项目风险分析报告及风险消除计划、缺陷消除计划、阶段性先期质量策划（APQP）文件。在开发初期，应测量原始进口零件（若有），若发现所测得的原始进口零件参数与公司下发的技术任务书或功能图有明显差异，应及时向公司项目组通报；按启动会上的要求，公司对供应商在策划阶段输出的文件进行不定期评审，以确保供应商项目开发的过程质量。供应商提供的技术文件包括纸质格式或数字化格式，内容包括：履行订货合同所必不可少的技术规范、质量检查标准、专用工装模具正常使用和维修保养所必需的技术文件。

公司有权利也有义务核查或者安排核查供应商提交的技术文件，并向供应商指出在核查过程中所发现的错误或者遗漏。

供应商应根据公司的评审意见对技术文件进行修改。这些修改不应引起对合同条件，特别是价格和实施时间计划的任何修改。供应商应将这些改正后的技术文件再提交给公司确认。

供应商对文件的质量负责，包括公司在核查过程中未发现的错误或者遗漏。

④跟进供应商项目进度和产品质量问题解决。公司项目采购工程师负责跟踪和协调供应商新开发项目的总体进度，若因产品质量问题改进速度导致了项目的进度风险，采购工程师将跟踪和督促此类质量问题的解决。

⑤评价供应商提交的各阶段样件。供应商应按指定地点、时间提交产品样件、纹理样板、颜色样板等。供应商提交的样件必须按公司的试验规范和技术要求自检合格，并随样件附交内容真实的试验报告、检测报告及送样清单。

供应商有义务配合公司对合同项下的开发项目进行 OTS（工装样件）样件和 PPAP（生产件批准）样件认可。对于供应商的同一种外协件，公司免费为供应商提供一次 OTS 认可、PPAP 认可和小批量试装。第二次及第二次以后的评估费用全部由供应商负责，除非在公司的要求下发生了技术、工艺更改。

公司应对供应商提交的样件进行认可并及时把结果通知供应商。这份结论将说明公司同意接收所递交的样件，或者拒绝接收并说明拒收的原因，供应商应对存在的缺陷提出补救办法，并采取有效的措施予以解决。

需明确的是，不论任何阶段，供应商向公司提交的样件，一定是得到供应商自己的评估和审核，交样的同时须提交包含但不限于产品外观报告、产品尺寸报告、产品功能报告，具体依项目相关工程师的要求提交，如供应商不能提交要求的相关文件，项目工程师有权拒收或判样件不合格。

⑥审核评定供应商 PPAP 文件资料。在项目启动会上，公司会与各供应商明确 PPAP 文件提交的范围和文件格式的要求。在开发阶段，供应商按约定的时间进度向公司提交 PPAP 文件资料，公司审核评定其文件的充分性、适宜性、可行性。当供应商的这些文件资料有更改时，必须及时重新提交公司。

⑦供应商质量验收协议确认。为明确产品验收质量标准，更好地使供应商对产品质量控制的水准与公司要求保持一致，在项目阶段，需要签订供应商质量验收协议。

⑧对供应商实施产品和过程审核。在对 PPAP 文件确认后，签署零件提交保证书（PSW）之前，公司质量部负责组织对供应商产品和过程实施审核。目的是验证供应商针对该项目合同范围内的零件是否具备了合格的过程。审核的依据是遵循公司过程审核条款和 PPAP 文件确认的要求。在做过程审核的同时，要抽样做零件的产品审核，验证在该过程的条件下生产的产品状态是否可接受，从而进一步确认过程能力。

⑨批准供应商产品和过程状态（PSW）。产品和过程审核通过，且开发阶段的问题都被关闭后，供应商可获得正式批准的 PSW。若没有大的风险，但仍有些小问题未解决，可获临时批准，在供货过程中再逐步改进，以获取正式的 PSW。

⑩项目开发结束和供应商开发质量评价。项目结束后，公司项目组牵头起草一份项目开发终结报告，其中将做出公司与供应商合作开发的总体质量及经验反馈。即对供应商的项目组织和管理、供应商对分包商或外委供应商管理及质量控制、供应商反应速度和沟通能力、供应商跟踪项目开发系统能力及质量可靠性、实施认可试验的能力、开发计划的遵守、经济性和量产状况等进行量

化性的综合评价。这种量化性的综合评价结果将作为该供应商开发质量业绩，也将作为下一个新项目是供应商选择的一个重要参考依据。

⑪供应商产能提升和节拍生产评价。在供应商过程审核得到通过后，公司项目采购工程师将按照双方达成一致的计划对供应商进行节拍评审，目的是：

第一，为公司提供产品的设备（设备和工装）是否到位，核实这些设备是否投入使用；

第二，通过一段有代表性时间的测算，评估其生产设备的能力；

第三，评估供应商保证现生产供货和备件供货质量和数量的能力；

第四，核实供应商建立要求的饱和生产能力与柔性生产所具有的条件。

满负荷生产评估是关系到能否实现批量爬产，以及项目按期投产的一个重要的时间节点。在此过程中，公司项目采购工程师应确保供应商对其主要分包商或者外委供应商实施了同样的评审，并提供结果。

需要明确指出的是：对因供应商责任，在双方约定的时间节点上不能通过满负荷生产评估，将被视为供应商违反了双方所签署的合同，根据由此导致事故的严重程度，公司将追究该供应商的违约责任。

（3）合格供应商阶段（批产阶段），所需进行的活动包括：

①供应商批产年度质量目标确认。

②供应商交货实物质量 PPM 统计。

③供应商交付及时率统计。

④供应商质量和商务问题跟踪解决。

⑤供应商质量索赔。

⑥供应商定期排名和追踪。

⑦供应商周期审核和评价。

⑧供应商能力辅导和提升。

⑨优秀供应商评选。

⑩变更的管理。

（六）质量保证

1. 质量目标

供应商应保证其质量体系的有效性，对过程实施监控，使产品质量得到有效保证，确保交付的产品长期稳定地满足技术协议、合同以及公司下达的质量目标的要求。

供应商质量目标分为供应商新项目质量目标和（量产）供应商年度质量目标两部分。

（1）供应商新项目质量目标：作为定点意向书确认的一部分，约束供应商在项目阶段的新产品开发目标，使供应商明确项目质量要求。供应商新项目质量目标包括：质量体系目标、项目进度目标、产品实物质量目标、过程和检测能力目标、产品使用目标、特别条款（召回）。

（2）（量产）供应商年度质量目标：公司将向批产的合格供应商下达年度质量目标，内容包括：质量体系维持的目标、产品批量供货质量目标、问题改进目标。

（3）强制要求：供应商必须长期稳定地满足产品和过程特殊特性的符合性及过程能力目标，这些承诺和目标将作为合同的一部分。在随后的开发和供货中，供应商如不能履行承诺和达到目标，将被视为违反合同，公司有权采取措施（经济的和非经济的），督促其遵守合同。

对于长期稳定满足质量要求的供应商，公司将在新项目供应商选择咨询时优先考虑。

2. 产品和过程的质量控制

（1）新项目产品和过程质量控制。

①供应商必须遵循公司项目开发流程，整个开发过程中必须满足公司的时间节点，符合客户和公司特殊要求，确保产品和过程符合技术协议、采购合同以及公司供应商新项目质量目标的要求。

②供应商必须承诺并保证以下要素得到遵守：

第一，产品开发满足中国法律法规和主机厂标准要求。

第二，确保产品和过程特殊特性得到充分识别和有效控制；确保关键特性和安全法规特性过程能力得到定期测量并满足要求。

第三，实施制造可行性分析，确保风险和已发生过的缺陷得到早期识别和控制；编制和不断更新 FMEA，确保识别到的风险在控制计划中得到有效控制。

第四，在项目开发初期，若国外有同样的车型已完成开发，则须测量和分析进口原装样件，及时向公司项目组通报进口样件与技术任务书的差异。

第五，考虑与客户相关配合产品的适配性。

第六，确保按公司各阶段要求，及时准确地提交有代表性的样件和相关文件资料，送样包装和标识方式符合公司要求，所附报告齐全、真实、正确、易读。

第七，确保各阶段检测试验设备及方法满足要求，报告真实可靠。

第八，确保检具方案和检具得到公司认可，进度满足项目要求。

第九，供应商的特殊过程以及供应商分包或外委的特殊过程，必须做到：设备、模具能力满足要求、过程参数得到验证、确认和固化，并实施连续有效的监控。始终使用得到公司确认的材料，人员资格得到确认，定期对产品进行破坏性检验，以验证过程的有效性等。

第十，在公司实施过程审核前，供应商必须实施内部产品和过程审核，以确保一次性通过公司的过程审核。供应商的内部审核应包括对外委供应商的产品和过程审核；供应商应在公司正式审核前提交内部审核报告并通报问题关闭状态。

第十一，新项目批量起步初期，供应商必须对产品实施专职全检，要求结构件至少 2000 件产品，安全法规件、功能件、外观件至少 4000 件产品，这种强制检验直到供应商过程能力稳定后方可解除。

③安全件供应商必须保证所有的安全项 100％符合。安全件供应商应接受安全件审核，除非客户许可，否则在批量生产前，供应商必须通过客户指定机构的安全件审核。

④对于 CCC（中国强制性认证）范围的产品，供应商必须在公司指定的时间节点，取得由国家认证认可委员会指定机构所实施的 CCC 认证证书。

⑤项目开发过程中，公司将视产品重要度对供应商实施现场跟踪，验证供应商的开发进度和符合性，供应商必须按公司要求，保留相关开发资料和证据，在公司需要时提交。

⑥公司将对下列指标进行评价，评价的结果将作为供应商项目开发质量的业绩，并作为下一个新项目选择供应商的重要参考依据：

第一，送样提交及时率；

第二，PPAP 文件及时提交和质量要求符合率；

第三，产品和过程审核符合率。

⑦批产启动前，公司对供应商实施批产前过程审核和满产评估，与供应商签署质量验收协议、物流协议。供应商按公司要求提交 PPAP 样件和 PPAP 文件。

⑧公司对供应商 PSW 的批准，意味着对供应商批量交付的许可。供应商 PSW 的批准，是公司履行商务合同，对供应商付款的必要前提。

（2）批产产品和过程质量控制。

①供应商必须对以下要求做出承诺：

第一，供应商承诺按照控制计划要求，对产品质量实施监控，确保批量生产的产品质量不低于 PPAP 批准的工装样件水平。

第二，每批供货时，供应商必须按双方认可的质量验收协议中所规定的项目和内容，每批提交质检报告。如有超差项，必须在报告中注明，并在发货前得到公司的同意。

第三，供应商所提供产品不符合规定的质量要求时，公司可提出退货，供应商应当及时为公司更换产品，确保公司的生产运作。如因供应商所提供的产品包装、质量问题导致公司重复检验、挑选、让步接收、产品报废、换件、停线或被客户索赔、扣分者，公司将对供应商进行索赔。

第四，由于供应商的产品质量问题，导致公司无法向客户交付，而必需采购进口件来代替时，进口件与国产件差额由供应商承担。

②如出现下列情况之一，供应商必须自动对产品采取保全措施，并书面通知公司相关部门：

第一，体系认证机构开出与产品/过程相关的严重不符合项；

第二，安全件资格认证机构开出严重不符合项；

第三，公司或客户审核员现场审核时发现严重不符合项；

第四，供应商所供产品在公司、客户或最终用户处发现批量质量问题或重大质量问题时；

第五，供应商自己发现有批量质量隐患或重大质量隐患时。

③公司按控制计划，对供应商交付的产品实施抽检，公司对产品的认可和验收，不能免除供应商保证产品质量的责任。

④公司有权对供应商的生产现场、三方物流中心、客户生产线上的产品进

行验证；有权在通知或不通知的情况下，对供应商与质量相关的任何地方和区域（包括相关其分包商或外委供应商）及技术文件进行审核。

⑤公司每月对供应商质量绩效进行评价，主要考核指标包括：

第一，供应商 PPM；

第二，交付及时率；

第三，问题清单关闭及时率。

⑥对供应商质量问题，公司以“质量速报”、“质量通知”方式向供应商反馈，供应商必须快速反应，在公司规定的期限完成临时应对和永久性关闭，并以“纠正措施”或“8D 报告”方式向公司反馈。

⑦对连续两次未通过公司过程审核，或连续 3 个月 PPM 超出目标值未采取有效改进措施的供应商，公司将给予黄牌警示，警示期间对同类产品新项目供应商选择上不予考虑。

（3）质量索赔。

①对供应商所提供的产品包装、质量问题，公司将视具体情况对供应商进行索赔。

②索赔核算方式。

a. 公司进货检验采购件质量问题的索赔。

第一，在进货时，公司外协检验员根据公司的产品抽样要求验收采购件，对不能够满足产品质量要求的产品，判定为不合格。

第二，不合格的处置方式为：退货（换货）、全检/返工/返修、让步接收。

第三，外协检验员将不合格信息（质量信息反馈单）传递给仓储部门及 SQE，仓储部门按照外协件不合格处理规定，将信息传递到计划部门，计划部门将不合格信息与供应商沟通，办理退货或全检/返工/返修事宜，外协检验员监督并验证不合格品的实物处理，SQE 负责对不合格零件有关质量问题跟踪供应商改进，并按相关条款进行质量索赔；若供应商在接到不合格信息后不按照公司要求的时间节点（时间要求根据计划部门按照库存情况制订）进行确认，公司可单方面对不合格品进行处置，并对供应商进行索赔。

索赔核算公式：

索赔金额＝料废索赔＋劳务索赔＋让步索赔（根据实际发生状况确定索赔项目）；

料废索赔：供应商产品采购单价×K1×不良品数；

劳务索赔：按照实际工时统计，单价为××元/人工时；

让步索赔＝采购件单价×K2×采购件总数。K2值：让步接收采购件问题首次出现的，K2＝5％；相同问题出现第二次及以上的，K2＝10％。

b. 公司在生产线上和成品检验中的采购件质量问题的索赔。

第一，公司在生产线上和成品检验中发现不合格采购件，由现场检验员分选后做好标识，经SQE或外协检验员确认签字后方可判为料废。

第二，判为料废的采购件由生产部门组织退回仓库，SQE将不合格质量信息及时传递给供应商。

第三，供应商在接到信息后三个工作日内，到公司现场进行确认和申诉，若因供应商原因在三个工作日内未能完成确认工作，公司质量部有权按料废处置，仓储部门有权组织销毁。

索赔核算公式：

索赔金额＝料废索赔＋劳务索赔＋附加材料索赔＋停线索赔＋让步索赔（根据实际发生状况确定索赔项目）；

料废索赔＝产品采购单价×K3×不良品数（K3值可根据给公司带来的浪费而定）；

劳务索赔：按照实际工时统计，单价为××元/人工时；

附加材料索赔＝相关环境件或材料单价×损耗数量；

停线损失索赔：由于供应商采购件原因造成公司生产线停顿的，每小时（包括低于1小时）按1000元进行索赔，超过4小时按3000元/小时进行索赔；

让步索赔＝采购件单价×K2×采购件总数。K2值：让步接收采购件问题首次出现的，K2＝5％；相同问题出现第二次及以上的，K2＝10％。

c. 客户处的采购件质量问题的索赔。

第一，在客户和最终用户处发现不合格采购件或因采购件不合格导致的总成产品不合格，公司由客服人员判定后做好标识，并可酌情退回公司或现场换货、销毁处置。

第二，客服人员将不合格信息传递到公司质量部，由质量部工程师组织相关部门进行原因分析，属于供应商采购件不合格导致的质量问题由SQE确认后，将返回的不合格产品或零件退回仓库或现场换货、销毁处置。

第三，SQE将不合格质量问题信息通知供应商，供应商在接到质量信息后三个工作日内进行确认和申诉，若因供应商原因在三个工作日未能完成确认工作，公司质量部可以按料废处置，公司仓储部门有权组织销毁（由于在客户处的处理方式差异，不合格品无法退货时，SQE会向供应商提供相关问题的图片和数量，必要时，可以酌情联系供应商直接到客户处确认）。

索赔核算公式：

索赔金额＝（料废索赔＋劳务索赔＋附加材料索赔＋信誉索赔＋追加索赔）×K4。K4值：不合格采购件一年内第一次出现的，K4＝1；相同问题第二次出现的，K4＝1.5，依此累计。

料废索赔＝采购件销售单价×1.5×不良品数；

劳务索赔：按照实际工时统计，单价为××元/人工时；

附加材料索赔＝相关环境件或材料单价×损耗数量；

信誉索赔：根据客户处缺陷的等级和影响程度进行相应金额的索赔；

追加索赔＝客户向公司索赔金额×1.5（如果客户对公司的追加索赔中包含了料废、劳务、附加材料的费用，向供应商索赔时不重复计算费用）。

d. 售后市场的采购件质量问题的索赔。

第一，采购件装车后在保修期内，由于采购件的不合格，经客户的售后服务市场进行的维修及更换，由公司质量部每月定期在客户网站上查询确认，并将不合格信息传递给现场质量工程师，由现场质量工程师组织相关部门进行分析，属于采购件质量问题的，由SQE将质量问题信息通知给供应商。

第二，对于属于采购件质量问题的，SQE通知供应商确认质量问题的状态和数量，公司将尽可能要求客户提供实物、照片等相关证据，如客户不能提供实物、照片等相关证据，公司及供应商需接受客户的最终裁决，并按照客户实际索赔的金额核算向供应商索赔的金额。

第三，供应商在接到质量信息后三个工作日内进行确认和申诉，并将确认和申诉的材料提交给SQE，SQE审核后会同质量部相关工程师进行核查，并给予回复处理。若因供应商原因在三个工作日未能完成确认工作，由公司质量部通知客户承认不合格事实。

索赔核算公式：

索赔金额＝客户向公司索赔金额×1.5

③争议和仲裁。供应商接到公司《外购产品索赔通知单》后，如果有异议，应在三个工作日内向质量部提出复议要求。超过三个工作日无复议要求，质量部将直接报于财务部进行扣款。对供应商复议的要求，质量部组织工艺、采购、技术工程部等相关部门及供应商一起进行仲裁，在不超过三个工作日内给出仲裁结论。该结论被视为双方应接受的最终结果。

④索赔方式。公司的采购件质量索赔采用供应商先赔偿方式，即在供应商确认或了解相关质量缺陷的数量和损坏程度后，公司质量部将质量索赔单据向相关部门提出，并告知供应商。在申诉期过后，财务部根据索赔单据上的赔偿信息，直接在供应商货款中扣除。注意：索赔金额不包含税金。

如用此方法仍不能付清上述索赔金额，则供应商应在提出索赔的30天内付清剩余金额。

⑤让步接受。关于让步接受手续问题，让步接受单据必须由供应商（或委托方）书面签字后才能进行评审。

外地供应商委托公司计划部门办理让步接受手续时，供应商必须给公司书面授权。

3. 更改的控制

（1）当供应商发生如：材料更改、生产场地变更、主要生产设备或工装变更、外协件更改、检测设备或检具更改、生产工艺流程更改、包装更改、其分包商或外委供应商更改、企业性质或股东的变更等情况，供应商必须事先制订更改计划，并至少提前一个月将更改计划报公司相关部门，并随计划提交更改申请和变更可行性分析报告。

（2）公司在收到供应商更改计划后的15个有效工作日之内给供应商明确回复，视变更类别和具体情况决定是否对供应商实施现场审核和PPAP批准。只有得到公司书面同意确认后，供应商方可实施更改，将更改实施情况和进展情况书面报公司相关部门，并按公司要求提交相关文件和资料。只有得到公司的书面认可，供应商方可向公司批量交付更改后的产品。

（3）首次交付前，供应商必须向公司相关部门书面提交“初物交付通知书”，通知首次交付的时间、数量、质量状况，按公司要求做好初物标识，并现场跟踪公司生产装配情况。

（4）对因供应商未履行通知职责，导致公司出现挑选、重复检验、让步、产品报废、报件、生产干扰、停线、紧急追加试验等情况，公司将追究责任并对供应商进行索赔。

4. 可追溯性

（1）供应商应根据 ISO/TS16949：2002 标准以及公司的要求，建立必要的追溯系统，确保提供给公司的产品具有可追溯性。追溯的内容包括：原材料批次、操作工、当班工艺参数、当班设备和模具状态。为方便追溯，所有相关记录按产品三包年限+1 个日历年保留追溯记录。安全法规件追溯应保留十六年，要求能追溯到单个产品。

（2）供应商应要求其分包商或外委供应商、物流供应商，建立必要的追溯系统。

（3）对新项目各阶段的样件，供应商应按公司送样要求进行标识。因供应商原因导致追溯范围加大，供应商要受到黄牌警告，还要承担相应赔偿责任。

5. 安全件供应商资格认证

（1）所有安全件供应商在批量供货前都应获得安全件资格认证。供应商签署安全件的开发合同，就意味着同意在批量供货前通过安全件资格认证，并承担相应的责任和费用。

（2）安全件认证应依据客户认可流程的相关产品技术标准，认证机构应获得客户认可，或由客户指定。

（3）安全件认证包括产品审核和过程审核，只有产品和过程都通过审核，并被安全认证委员会确认，供应商才能获得证书。

6. 质量危机处理

（1）供应商必须为公司产品建立快速风险防范机制和风险防护体系，确保产品各方面风险得到识别和排除。

①建立必要的安全库存，以保证交付风险排除。尤其非本地供应商，需要建立在本地的中转仓库。

②供应商内部具备风险管理机制，能够在很短时间内建立各方面人员参加的应急团队，解决紧急事件。

（2）当出现导致现生产供货危机、客户及最终用户强烈报怨、“三包”、“召回”等因质量问题所产生的危机时，即使产品责任未查清，供应商应做到全力配合公司及客户以最快速度解决危机，平息用户抱怨。事后分析证明不是供应商的责任，公司免除供应商相应的责任。

7. 持续质量改进

供应商应关注公司的客户满意度，持续改进其产品和过程，以更好地完善产品质量和服务。

（1）不断满足中国特殊使用环境要求、法律法规要求和客户特殊要求；

（2）即使产品符合定义，当有最终用户抱怨或在公司及客户处出现问题时，供应商有责任改进其产品和过程；

（3）不断提高供货质量（一次下线合格率、内外部 PPM，客户扣分、客户投诉/抱怨）；

（4）持续提高过程能力。

（七）供货与物流

1. 物流原则

（1）公司致力于通过不断优化内部物流和外部物流，不断优化供应链，提高整个供应链效率，降低整个供应链的物流成本，实现供需双方的共赢。

（2）公司实施采购成本与物流成本（从供应商出厂到送达公司交货地的成本，包括但不限于包装成本、仓储成本和运输成本）的分离，推进物流成本的单独核算。

（3）公司实施“上线结算”方式或入库结算方式。公司仓库或第三方物流公司接受供应商送货，公司、供应商与第三方物流公司签订三方或两方代保管协议（公司抽检合格后予以接受，否则退货，该验收不能免除供应商应承担的责任和义务，包括在公司生产发现的料废）。

（4）公司的包装改进方向是无纸化、轻量化和小型化，对包装和容器实施专用化、标准化管理。

2. 物流模式

公司的物流模式，是为了满足准时拉动生产方式的总体要求而建立。供应商的供货类型按照零件特性、供货能力、供应商所在地区分为：同步配送、看板供货、周期供货、批量供货等。具体采取的供货类型由公司向供应商确定，并体现在正式的物流协议书中。公司保留更改外协件送货类型和包装的权利。

3. 供应商物流运行模式和物流组织

（1）基本原则。供应商应熟知公司内部现行的有关计划编制、交货安排、物流的操作模式和规定。供应商自身采用的物流模式应能够匹配公司的物流运行模式，并且能够在公司的物流模式发生变化时，及时进行调整，以达到正常供应产品、优化供应链的目的。供应商和第三方物流服务商为公司供货所开展的所有相关物流活动，都应有能力满足公司当前供货需求，并保证能够随公司供货需求的增加同步提升供货能力。

（2）包装和容器管理。

①包装的设计及投入。供应商负责其产品的包装投入和日常维护，所需费用由供应商承担，此费用投入时限以确保公司向客户的交付为准。

公司确定每一种外协件满足公司厂内物流循环所需投入的包装数量，供应商应参照此包装数量及根据自身的物流模式，确定在整个物流循环中的投入包装量，最低限度应保证不因容器投入数量不足，而影响外协件的正常供货。

供应商的包装必须遵守公司物流协议中有关包装标准要求，以便确保物流性能的控制和保证外协件的最终质量。包装方案需得到公司的认可，同时供应商也必须遵守公司有关备件包装的要求。需要明确的是：上述的包装要求，由各方在项目先期开发阶段进行协商和谈判，达成一致并体现在正式的物流协议中。

②包装容器的返回。公司（或其委托的第三方物流服务商）负责将空包装集中分类存放在指定的空包装区域，并将空包装（仅限于大型金属容器）叉运到返回供应商（或其委托的第三方物流商）的车辆上。

供应商（或其委托的第三方物流服务商）必须按照公司的返空时限要求及时将存放于公司（或委托的第三方物流服务商）空包装区域的空包装返回，运输费用由供应商承担。供应商（或其委托的第三方物流商）有义务核实空包装内无残留的外协件，否则将承担夹带外协件的责任。

4. 外协件批量供货的交付

（1）外协件的提交。供应商应该按照与公司签订的物流协议的内容，根据公司物料员下达的物料订单要求，保质保量准时将产品送达到公司指定的卸货地点。

所有外协件供货都必须随附自检报告，公司有权拒绝接受没有自检报告的外协件。外协件的包装设计应遵守项目物流协议，要能保证外协件的运输质量。

供应商应具有100%的按时交付能力。为保证供货及时，供应商对生产（或提供）的产品准备三天合格件的库存。否则，由此引起的公司停线所造成的损失由供应商负责。

采用“送货制”的零部件由供应商自付运费，供应商应在公司指定的时间内将公司指定数量的零部件提交到指定的地点。采用“取货制”的零部件由公司承担运费，供应商应在公司指定的时间内备齐指定数量的零部件，并装入到公司指定的物流公司的运输车辆内。

公司有权把超订单规定数量的产品退回给供应商，由供应商承担所有包装、装卸、运输的费用和风险。

如供应商未按公司订单中的数量交付产品，公司可以要求供应商以最快捷的运输方式装运产品至公司，并由供应商承担因这种运输产生的所有费用。

如供应商没有执行前述中的规定而致使公司遭受损失时，供应商应以赔偿的方式向公司支付合理的损失金额。“送货制”的零部件，由于供应商的原因而引起的货损，由供应商承担责任。“取货制”的零部件，在物流过程中产生的损害赔偿责任由物流公司承担，但因“装箱”的原因引起的损失应由供应商承担。

如因市场变化，公司的要货量与年度计划有大的出入，公司将至少提前1个月以书面或电话形式通知供应商。由此可能产生的问题，双方将协商解决。

供应商不论由于何种主观原因或客观原因，不能满足公司的要货计划，必须提前3个月通知公司。因突发事故（非不可抗拒的原因）不能向公司按时交货，应立即通知公司并说明事故的性质和可能延续的时间，且须以书面形式（或邮件、传真）至少提前一天通知公司，且供应商应承担相应的责任，并赔偿由此而造成公司的直接和间接损失。如交货延迟，供应商应承担因延迟而给公司造成的经济损失。同时，公司有权取消该批次订货，并可以向另一供应商订货。

公司或其委托的第三方物流服务商有权拒收所有超量或没订单或者没有经双方确认的包装所交付的外协件，相关费用由供应商承担。对供应商交付外协件数量不符的行为，经公司和供应商代表共同确认该短缺情况属实后，供应商应立即无条件补齐等同于短缺数量的合格外协件，并对短缺产品进行差一罚十的惩治性赔偿处理。同时公司向供应商发出口头警告，情节特别严重的，公司将对供应商进行罚款，甚至取消其供应商资格。

（2）交付外协件验收。供应商不能把公司（或其委托的第三方物流商）卸货时的签字或盖章视为最终验收。供应商应按期退回公司仓库或第三方物流仓库中的不合格品，逾期不退，公司可自行销毁，并且供应商应承担相应的费用。供应商更换这些损坏的外协件所发生的费用应由供应商自己承担。

公司在检验过程、生产使用中发现供应商提供的物料出现质量问题，通知供应商前来处理时，供应商应在接通知后 8 小时内（法定节假日除外）答复公司临时对策，供应商有义务根据公司通知派授权代表按双方约定的时间（最长不超过 24 小时）到公司处协助处理，并负责自公司发现日起 3 天内予以调换，若供应商不按时答复及处理，公司视为供应商默认，造成的成本及工时损失由供应商承担。

公司要求退回属供应商责任的不合格物料，供应商接到公司通知后，应在规定时间内（公司与供应商在同一城市，一日；公司与供应商在同一省内，二日；公司与供应商不在同一省，一周；供应商在港澳地区，两周；供应商在国外，一个月）到公司所在地共同确认后做出处理（包括确认结果为供应商责任的确认期）。前两周内公司每天对供应商不合格物料收取价值 5‰的仓储费，以后每周按上周仓储费新增 2 倍收取仓储费用。超过规定时间一个月供应商仍不到公司处理，公司有权对该批物料进行报废，报废所得资金归公司。

为防止退回供应商的不合格品混入合格品中再次送货，如公司发现供应商把退回不合格品（或其他同类不合格品）混入合格品中再次送货或整批不合格品再次送货时，造成的全部损失由供应商承担。供应商并向公司支付该批物料（再次送货批）价值 2 倍的违约金，公司并有权暂停供应商供货关系。由此造成公司停线或其他损失均由供应商承担。

供应商应自行派人负责不合格品的退货处理，公司有义务根据实际需要在公司地理范围内免费向供应商提供叉车等装卸工具。

（3）供应商的违约所造成的公司的损失。因供应商的责任而影响公司正常生产，使公司受到直接或间接的经济损失，供应商将承担相应的违约赔偿（包括但不限于以下赔偿）。

停线赔偿（公司生产线因零部件或原料供应不足生产停工待料的赔偿）：

小于或等于 4 小时，赔偿金额：1000 元/小时；

大于 4 小时，按 3000 元/小时进行索赔。

5. 第三方物流服务商

（1）基本原则。供应商的外协件从生产地点直接送至公司线边的，属于直接供货。供应商在其外协件送至公司前需经过第三方物流商仓库中转的，属于间接供货。不具备直接供货条件的供应商，其外协件必须进入第三方物流商的仓库。

公司将第三方物流商的物流行为视为正常物料供应。一旦发生物流事故（如供应中断、物料受损等），公司直接向其追究责任和损失索赔。由于第三方物流商单方面违反公司规定造成的物流故障，包括但不限于：安全事件、环保事件、治安事件，对于此类情况，公司将直接向第三方物流商进行责任追究和损失索赔。

（2）第三方物流商资质和服务。为供应商提供物流服务的第三方物流商必须具备公司认可的资质。该资质认可不能免除供应商对第三方物流商的管控义务，以及供应商向公司承诺的责任和义务。

供应商必须与其选择的第三方物流商签署物流服务合同或具备同等法律效力的文件。

6. 物流信息管理

公司责任物料跟踪员根据物流协议中规定的供货模式分别下达计划。①日配送供应商。每周五向供应商下达 N+1 周要货计划，供应商在收到要货计划以后签字确认回传。并按照计划要求组织生产，保质保量按时满足交付。②批量供货和周期供货供应商。每月 25 日前向供应商下达滚动计划，供应商在收到计划以后组织原材料及外协零件的采购，以保证公司后续要货。

7. 现生产批量供货订单

（1）对于采用周期供货和批量供货的供应商，公司采用月度订单的方式向供应商明确后续 1 个月的公司对该外协件的需求量和 2 个月的预测量。

（2）批量订单将于每月月底通过传真发给供应商，供应商需要在自订单发布之日起的一个工作日内对订单进行确认并反馈信息，不予以回复的供应商可视其默认。供应商确认订单表明供应商对订单中外协件的交货数量及交货期限的承诺。供应商应严格按照订单中正式要货的数量和日期送货到指定的地点。

(3) 由于供应商自身的原因造成其无法对订单进行确认并最终导致公司停产、计划调整或缺件等生产损失，供应商将承担由此造成的损失。

(4) 对于采用看板模式供货的外协件，订单中 3 个月的需求量均为预计的供货数量，实际交货数量及时限以看板要货令信息为准。

8. 外协件批量供货及供货的连续性

批量供货。

①供应的连续性。供应商应采取所有的措施，旨在保证按照交货令向公司提供产品，并预测所有可能发生的意外情况。

对于批量投产的外协件，供应商最迟应该在产品投产日期前一周，在供应商发货所在地（直接供货）或者其选定的第三方物流仓库（间接供货）建立满足公司三个工作日产量的成品合格件安全库存。公司保留不定期检查此库存的权利。

②紧急发运与订货。如因供应商的责任而无法实现公司的交货要求，为了控制或减少可能的损失风险，使公司要求以比原定方式更加快捷的运输方式运输货物，供应商应以可能的最快速度发运货物并承担相关费用。

如果因供应商的责任而导致供应的中断或者停产（供货能力不足、供货有质量缺陷等），为了尽可能避免由于供应可能的中断或者停产损失，公司自身尽最大努力，不得不向第三方紧急订货，如采购进口的 KD（CBU）件，求助于另一家供应商等。供应商应补偿公司因此而增加的额外费用，包括但不限于：价格的差价、物流运输以及紧急情况下的空运等费用。且该补偿应持续到供应商或者重新选定的供应渠道能够满足公司的生产能力要求时才结束。

9. 供应商产能

(1) 基本原则。供应商应确保履行双方签署的现生产订货合同或者协议，保障批量供应的连续性，同时应该预防与识别可能的由于其产能方面的风险或者危机所导致的供应危机或者供应事故。因此供应商应承诺：

①保证向公司保质保量准时交付产品；

②保证必要的量产资源的投入，以满足公司的 3 年战略规划的产能要求；

③保证公司外协件的设备负荷率，并随着公司产量的提升，产能及设备负荷率都随之上升；

④在其（包括其分包方或者外委供应商）工装、工艺、材料、产品结构、生产场地、人员等造成产能风险时，应及时将风险信息反馈给公司相关部门，同时制订计划消除或减少产能风险。

（2）供应商产能审核。公司采取对供应商量产能力的审核，是确保供应商履行对公司承诺的产能的一个重要措施。从而达到公司的工厂能在一个安全稳定的供给条件下组织生产。供应商承诺对提供给公司产品的量产能力数据的准确性和可靠性负责。

供应商承诺根据公司的产能要求，定期或不定期对其分包方或者外委供应商进行产能审核并制订行动计划，消除其分包方或者外委供应商存在的产能风险，确保其分包方或者外委供应商的生产能力符合公司的产能要求，同时供应商要将审核的结果及行动计划的执行情况通报给公司。

公司保留对供应商（包括其分包方或者外委供应商）所承诺的产能及量产能力进行定期和不定期审核的权利，供应商应准备产能审核过程中所需要的必要资源。

供应商必须针对公司产能审核中发现的“瓶颈”环节制订持续改进计划，并予以推进实施，在各方约定的时间内达到公司对其产能的需求。

10. 供应商产能调查

公司将向供应商提供 Y+1 年全部产品和拆分成对应的产品需求的“年度计划”或者更新“年度计划”发放给供应商，用作供应商对下一年度“年度计划”供货交付预算更新计划的参考。

供应商承诺如实核实自己的产能并落实保全措施。因供应商的生产限制或者产能限制而导致供应商无法满足公司要求的数量的情况下，供应商应向公司通报其实际能够提供的数量。供应商也应向公司通报与该年度计划有关的生产能力。

供应商产能保障：

（1）短期调整。如果在短期内需求和产能出现差异，而且量产能力短期内不可能发生变化，供应商应承诺采取措施应对需求的变化，包括但不限于：增加分配给公司产品的生产时间、增加公司所占用设备的负荷率和建立适当的库存。

（2）供应商产能的投入及危机预案。供应商应根据公司的中长期产量战略规划的需求，制订切实可行的量产资源投资计划，并分步实施，适配公司中长期3年的要求。

供应商应承诺建立供货危机预案，保证供货的连续性，规避可能导致危及公司供应中断、生产线停线的风险。并承诺一旦危机发生立即启动危机预案，并按预案的流程处理危机。

公司保留对供应商危机预案进行审核的权利。在危机处理的过程中，供应商承诺24小时保持与公司相关部门的信息沟通渠道的通畅。在危机发生后供应商应尽一切努力保障公司生产线不停线和少停线，最大限度地避免对公司造成的经济损失。

11. 供应商综合评价

公司每月对量产供应商按其体系认证情况、绩效情况、商务方面等进行月度评价，每年年底进行年度汇总评价。

（八）公司提供的零件

1. 基本原则

为确保零部件的质量、功能、规格而需要公司提供零件时，公司在与供应商协商后，采用有偿或无偿的方式，向供应商提供制造和交付零部件所需的原材料、零部件或包装器材等。其方式主要有：

（1）公司制造的或从第三方采购后经公司提供给供应商；

（2）公司从其指定的供货企业采购后，不经公司而直接地提供给供应商。

2. 公司提供零件的检验

（1）供应商应在自行承担责任的情况下，对公司提供的零件实施进货检验及验收的工作。公司可以针对由供应商所实施的进货检验工作，通过与供应商之间进行协商后指定检验项目、检验方法等。

（2）供应商在进货检验时，发现数量超额、短缺或不合格品的情况下，应将该内容通知公司或公司的委托代理方直接要求原供货企业采取直接退货、更换产品等必要措施。

3. 公司提供零件的使用

（1）供应商应妥善地使用公司提供的零件，并在未得到公司书面同意的情况下，不得将其使用于公司指定的使用目的以外的用途或转让给第三方，或进行占有性转移。

（2）公司认为有必要时，在双方认可下，公司可在供应商现场对公司提供的零件进行盘存。双方对库存数量准确与否进行确认，当结果明确表明供应商违反前项规定给公司带来损失时，可要求供应商对此提供补偿。

（3）因供应商原因导致公司提供的零件损坏时，供应商应退还损坏的零件原件，并向公司支付等值的零件货款；供应商发现公司提供的零件丢失时，供应商应向公司支付三倍于零件价值的货款，出现争议时以公司判定为准。

4. 公司提供零件的补偿

供应商验收后，若在生产过程中发现公司提供的零件存在应归咎于公司责任的不合格品时，经公司对质量和数量进行确认后，可以要求提供以下补偿：

（1）供应商可要求公司直接提交替代品，并可代公司要求原供货企业提供替代品；

（2）供应商可在筛选和返修不合格品时，要求公司支付其所需的人工费等费用，或在得到公司认可的情况下，向原供货企业发出筛选和返修不合格品的指示。

（九）供应商专用工装模具

1. 专用工装模具投资方式

（1）专用工装模具投资有两种方式：公司或公司客户全资投资，在供应商供货外协件中摊销。

（2）在咨询阶段，公司对专用工装模具的投资范围在供应商咨询文件中明确告知供应商。

2. 专用工装模具所有权

（1）对于公司或公司客户全资投资的专用工装模具，公司或公司客户拥有其完全所有权。

（2）原在公司厂内使用，由于工序外委等原因移交给供应商使用的设备工装，也作为公司或公司客户全资投资专用工装。

（3）供应商以供应外协件摊销出资的专用工装模具，在未分摊完毕之前，公司对已经分摊的部分拥有所有权；在按约定的外协件数量摊销完成后，公司或公司客户拥有其完全所有权。应公司要求，该专用工装模具将以公司或公司客户财产的名义由供应商负责保管。

（4）如果公司从供应商处收回供应商投资制造的专用工装模具归公司或公司客户完全所有时：

①公司要付清尚未分摊部分款项或同该供应商就专用工装模具收回的相关事宜另行签署协议。

②对公司或公司客户拥有所有权的专用工装模具，公司将与供应商签署《资产托管协议》。公司将有权对专用工装模具的使用管理情况和合同执行情况进行检查和审计。

③对于公司或公司客户全资投资的专用工装模具，公司可以回收或者转移某一专用工装模具，以便保证供应的安全性。如果由于供应商未履行义务而造成合同终止、专用工装模具使用的结束、不可抗力等原因，公司有权收回或者转移该专用工装模具。

④一旦供应商重新落实了其生产能力，双方将共同确定专用工装模具返回和供应商重新启动生产的条件和模式。收回、转移或者返回的全部费用，特别是运输和保险费用，应该由供应商承担，除非这些费用的发生是由于公司的过错引起的；如果供应商丧失该生产能力的原因属不可抗力，则双方另行协商承担这些费用。

⑤在供应商或者其分包商或者外委供应商是专用工装模具的所有者的情况下，供应商应保证在最短时间内向公司通报在现生产订货合同履行当中所有可能发生的风险。

⑥需要明确的是：供应商必须在外协件停止生产后的 10 年内保管好工装模具，并保证有能力按公司要求生产维修备件，除非收到公司书面通知授权供应商销毁模具。对于任何摊销完毕的专用工装模具，若供应商收到公司书面通知授权其销毁工装模具，应由公司的代表在现场进行确认。

3. 专用工装模具合同

（1）原则上公司应与专用工装模具制造商直接签署专用工装模具采购合同。同时，还必须与供应商签署一份技术委托合同，委托供应商负责专用工装模具的相关技术工作，并明确规定供应商对专用工装的技术问题及其生产的外协件质量完全负责。

（2）如遇特殊情况，公司也可与供应商签署专用工装模具采购合同，由供应商全权负责专用工装模具的技术开发和采购，并对项目进度、技术符合性及生产出的外协件质量完全负责。采取这种特殊的签约方式必须满足：供应商的经营范围包括生产和销售工装模具，并能按公司的要求开具工装模具发票；供应商必须向公司提供其与专用工装模具制造商之间的采购合同、技术文件、发票等重要文件资料的复印件。

4. 专用工装模具的摊销及支付方式

（1）公司或公司客户投资的专用工装模具不在外协件价格中摊销。

（2）公司以外协件摊销出资的专用工装模具分摊原则：

①对于容易受到车型演变影响的外协件，其专用工装模具费用将在外协件一半（咨询文件确定的计划产量）的剩余产量中摊销；其他情况，其专用工装模具费用都在外协件的整个剩余产量中摊销。

②供应商承诺在剩余产量已完成后，取消外协件价格中专用工装模具的摊销金额。

（3）公司或公司客户全资投资的专用工装模具。在双方签署的《模具合同》生效后，公司将按照该合同的约定，向供应商支付相应的款项。

5. 专用工装模具的使用、保养和保管

（1）供应商应将所有专用工装模具使用情况通报公司（扣押、故障、事故、非有意损毁等）。

（2）供应商应对使用专用工装模具而导致工装模具本身或者其他人员、财产损害负责，因为在任何情况下公司都不是此专用工装模具的管理方或责任方。需要明确指出的是，专用工装模具的产权属于公司时，此条款同样适用。供应商在这种情况下，有责任为公司保管好专用工装模具，更明确地讲，除了正常磨损或者不可抗力情况以外，供应商应该自费进行维护和保养，保证其良好的运行。

（3）供应商同时还应对公司或公司客户全资投资的工装模具承担全部责任。另外，供应商还应对专用工装模具的缺陷给公司或公司客户所造成的所有损失负责，特别是在生产、装卸或者处理过程中对公司或客户造成的任何损害负责。

（4）供应商将某一专用工装模具提供给其分包商或者外委供应商使用，以委托他生产供货品种的全部或者一部分时，无论地点在哪里，供应商对公司来说仍然是该专用工装模具的使用者。

（十）环境与职业安全

公司建立了 GBT/18001 职业安全健康管理体系和 ISO14001 环境管理体系，并确定了“保护环境，预防污染；安全生产，以人为本；规范行为，遵守法纪”的职业安全健康和环境方针。公司有责任和义务将其安全环境方针及涵盖内容、有关的重要环境危害因素的控制要求传达给公司所有的供应商。

公司极其关注供应商提供的产品给公司的最终用户在环境、卫生及健康方面带来的现实及潜在的影响。公司郑重地要求供应商注意评估其提交的产品将给车辆内部空气质量造成的影响，要求供应商使用符合规定的环保材料来实现技术任务书中描述的产品。对于可能对汽车内部空气质量产生影响的产品，应在气味、雾化、可挥发性有机物质（VOC）等方面必须满足公司的要求。

供应商应承诺积极采用先进清洁工艺、环保原材料，其产品和服务符合国家、地方相应法律法规要求，不给公司带来环境负面影响，同时还应避免供应商的其他产品给供应商自身的环境带来的负面影响。

供应商保证遵守国家及地方的环境、职业安全健康方面的法律法规和其他要求，建立或者实施职业安全健康和环境管理的标准，并有效地运行和持续改进。

给公司提供化学品的供应商必须填写带有中文的材料安全数据表，并按要求期限反馈给公司。

供应商进入公司的生产现场作业，应执行公司的职业安全健康和环境管理体系要求，识别在公司职业安全健康和环境管理体系覆盖范围内活动产生的环境、危害因素；签订安全、环保、消防、治安管理协议；制定相应的作业文件予以控制，并主动接受公司安全环保的监督检查和审核。

（十一）知识产权

1. 属于公司的知识产权

（1）公司对外协件进行设计、开发和研究所产生的成果，包括但不限于图纸、产品定义、工具、工装等，拥有完全知识产权。

（2）供应商不能以任何形式对上述设计、开发和研究所产生的成果，包括但不限于图纸、产品定义、工具、工装等进行知识产权方面的权利主张和行使，也不得对公司提供的图纸、设计、技术、参数等进行知识产权方面的权利主张和行使，除非在公司允许情况下进行的合理使用。否则，公司将视之为侵权行为，将追究由此导致的一切损失。

（3）没有公司的书面同意，供应商不得利用公司提供的图纸、工装、样件模型、技术资料等知识产权为第三方生产产品，也不得对工装或模具有任何更改或转移。

2. “联合开发设计”阶段的知识产权

（1）公司和供应商在“联合开发设计”阶段产生的知识产权由公司完全享有，包括但不限于知识产权登记、申请注册权利等，但是双方有特别的另行约定除外。

（2）联合开发设计工作实施之前，某一方所获得的知识产权或者严格独立于联合开发设计方工作所获得的知识产权隶属于该方。

（3）双方明确接受和承认：公司拥有技术任务书、技术规范（ST）的完全知识产权。

（4）如果技术方法是供应商所完全享有知识产权，任何一份技术任务书中所包含的这样的技术方法都是供应商所专有的知识产权。

（5）鉴于上述情况，每一方都必须严格遵守对不属于自己的知识产权进行严格保密。

3. 属于第三方的知识产权

（1）供应商生产制造的外协件要遵守国家有关知识产权的法律法规，不得侵犯第三方的知识产权。

（2）没有第三方事先的书面同意，供应商应严禁使用属于第三方的知识产权来履行产品开发合同或订货合同。否则，由此使用所造成的法律责任完全由供应商独自承担。

（3）公司和供应商的任何一方向对方提供知识产权来完成合同标的物的开发、设计和制造时，提供知识产权的一方需向对方提供知识产权权利担保，即承诺对方不受任何第三方主张有关知识产权的影响和干扰。提供知识产权一方如果涉及知识产权诉讼，另一方应当进行相应协助。

（4）在发生涉及供应商提供的知识产权诉讼时，无论有无充分的理由，供应商应立即主动地在上述担保范围内应诉，并与公司保持诉讼信息的联系。在发生涉及供应商提供的知识产权诉讼并严重影响公司生产时，无论有无充分的理由，供应商应采取一切必要的措施和第三方来迅速解决此争议，并通报公司。

(5) 在公司不得不停止使用因供应商在订货合同项下所交付的外协件侵犯第三方知识产权的情况下，提供相关知识产权的一方，必须在任何情况下自行承担其费用，立即实施下列方案之一（除非双方有特殊的约定）：

①获得该知识产权的许可继续使用上述所交付的外协件；

②替换或者更改这些外协件，以便其相关知识产权不再受到质疑。值得明确的是，被指责提供知识产权的一方还需保证自行承担费用来完成这些侵权产品的返工。

(6) 在任何情况下，上述提到的外协件替换或更改必须在各个方面都满足技术任务书的要求。

(7) 在上述提到的涉及供应商提供的知识产权诉讼范围内，公司所花费的所有支出，无论以任何名义，特别是费用、名誉、损失和利息，都全部由被正式确定侵犯知识产权的一方来承担。通常情况下该侵权方应对另一方因第三方指控所造成的所有后果进行赔偿。

（十二）保密性

公司和供应商的每一方都应该对另一方提供给自己的信息或者其他在合同项下所接触到的信息进行保密，并采取所有措施保证遵守此保密条款和防止任何一条信息的泄密。

供应商应保证遵守有关专利权、许可证、商标权和注册样品等的法律规定以及与公司的合同约定，不带供应商以外或隐秘身份的人员到公司工厂，拒绝第三方在任何时间、地点向供应商索取有关公司的产品、资料等方面的要求。否则，公司有权立即终止和该供应商的合作关系，并由该供应商赔偿由此导致的公司的一切损失并承担相应的法律责任。

供应商要对公司提供的信息保密，执行合同过程中应采取预防措施以免所获信息泄露。供应商已经或将要掌握的公司的图纸资料、模型和样品均为公司的专有财产，或公司有权使用的财产。未经公司书面同意，供应商不得将在公司得到的任何技术资料透露给任何第三方（与其有合同或者协议的分包方或者外委供应商除外）。否则，公司有权对由此而造成的损失要求供应商给予赔偿。

公司的订货合同是保密的，不论以何种形式、任何时候、任何情况都不得被直接或间接地公诸于众。

（十三）赔偿

由于供应商或供应商协作公司的过错，其在公司场地进行任何工作或在公司场地之内或之外使用公司财产导致的公司、其雇员或其他人的财产损害或人身伤害（包括死亡），由此造成的负债、索赔、要求或支出（包括律师费及其他专业费用）均由供应商负责承担赔偿责任（公司免予承担由此造成的索赔要求）。

（十四）税务

按中国税法规定，任何向供应商征收的税务和关税，包括但不限于公司所得税、印花税、营业税、增值税和流转附加税（如果适用），都应由供应商独自自行缴付，均系供应商的义务和责任，公司对供应商的税负和关税不承担任何责任。

（十五）不可抗力

合同生效后，在中断、没有履行部分或者全部义务的情况下，某一方可以申明在有某一种不可抗力发生的情况下来免除其责任，条件是要用回执挂号信方式通知另一方上述不可抗力情况的发生。但需明确的是，此种通知在任何情况下都不能免除供应商应向公司所提供的必要信息。

为了免除责任，对发生不可抗力情况的通知必须遵守以下条件：

（1）通知必须在不可抗力发生之日起 20 日内送达对方；

（2）该通知必须说明并证明不可抗力事件及其发生的日期；

（3）该通知应指出因不可抗力而无法执行的义务并解释理由。

不可抗力将暂停通知方无法履行的义务和被通知方相应的义务，并免除双方这些义务在合同规定承担的责任，对于所涉及供应商情况，前提是遵守所规定安全库存计划或建立安全库存受到了不可抗力的影响。

如果由于不可抗力的持续，而且尽管实施了安全库存方案和上述安全库存，但是公司的供应仍然中断的话，公司有权实施其他的供应手段（如：让其他供应商供应）而无需对该供应商进行补偿。

合同期限会因不可抗力的持续而顺延，但是如果从不可抗力发生之日起，供货合同中止时间超过或等于四个月时，各方可以从该日期起，以挂号信的方式通知另一方解除合同。合同解除即在对方收到该信函之日生效。

在收到不可抗力的通知后，双方应尽快进行会晤，并确定需立即采取的措施或者对供货合同的修改，以便使其重新恢复履行。双方同样可以决定共同宣布解除合同。

（十六）非不可抗力情况下的合同终止、取消

1. 因供应商破产而终止

（1）在以下事件或任何类似事件发生且未在 15 日内消除或声明无效，公司可立即解除本合同，而不对供应商承担法律责任：

①供应商资不抵债；

②供应商自愿申请破产；

③供应商被申请破产；

④为供应商指定财产管理人或托管人；

⑤供应商执行以债权人为受益人的财产转让。

（2）供应商应向公司偿付所有因此而产生的费用，包括但不限于所有的律师费或其他专业费用。

2. 供应商因违约、未履约、出售资产或控制权变更而终止合同

（1）若出现以下任一种情况，公司拥有全部或部分解除本合同的权利而不对供应商承担法律责任：

①供应商拒绝接受或违反本合同的任何条款，包括供应商的保证条款；

②供应商未能按合同或订单提供公司的指示交付产品；

③供应商未能取得进展，以致影响到按时恰当地完成交货，并在收到公司指明该种未履约或违约情况的书面通知后的 10 日以内（或该种情况下商业上合理的更短的时间内）未能改正此未履约或违约行为。

（2）若供应商出现以下任一种情况，公司可提前至少 60 日通知供应商终

止本合同，而不对供应商承担任何责任：

①出售，或意图出售其资产的实质部分。

②出售或交易，或意图出售或交易，被出售或交易足够数量的股份，以使供应商的控制权发生了变化。

（3）双方应根据合理的商业惯例做出努力，以减轻违约方的责任，否则违约方不承担该部分扩大的损失。

3. 提前解约而终止

公司除享有任何其他解除本合同的权利之外，还可选择在任何时候以任何理由在书面通知供应商后，立即全部或部分终止本合同而无须给予供应商违约期限。此类终止发生时，公司应向供应商支付下列尚未支付的款项：

（1）根据本合同已完成但尚未支付的所有货物的合同价款项。

（2）供应商为提供本合同范围产品而发生的在制品和原材料的实际费用，该费用应数额合理并在普遍接受的会计原则下，与本合同终止部分适当划分与分配；但扣除供应商在公司的书面同意下，已使用或售出的任何产品或材料的合理价值或费用（取其中数额较大者），还要扣除任何损坏或丢失的货物或材料的费用。

（3）对于供应商制造或采购的超过订单中规定数量的产品或原材料，以及对于供应商作为正常存货的货物或易于在市场售出的货物，公司均不付款。

（4）本条款中公司所支付的款项，若在合同终止之日前完成的订单中产品数应予以支付，合同终止之日前订单中未完成部分不予支付。

（5）除本条中的规定外，公司对由于终止本合同直接引起的或基于供应商的分包商或者外委供应商索赔而发生的预期利润损失、未补偿的管理费用、索赔利息、货物开发和设计费用、设备重置费用或租金、未分摊的成本及日常行政开支等均不承担责任。

（6）在合同终止生效日起的60日内，供应商应向公司提交一份详细的终止补偿请求，随附充分的证明材料以便公司进行审计，并应按公司要求迅速提供其所需的补充及证明材料。公司或其代理人应有权审计并检查供应商所有账簿、记录、设施、工作、材料、存货及与供应商终止索赔有关的其他物件。

（7）除上款规定外，公司对供应商不再因提前解除本合同而承担任何责任与风险。

（十七）争议处理

双方声明要保留双方的合作质量和合作的持续性，因此任何源于、产生或者涉及《采购通则》的争议，双方应尽量通过友好协商解决；如果双方不能通过友好协商解决争议，任何一方应向公司所在地有管辖权的人民法院提起诉讼。但双方应明确放弃仲裁。

（十八）生效及其他

《采购通则》及其中详细注明的附件、附表或者附属文件构成公司与供应商达成的全部协议，并取代与协议主题事项有关的任何口头或者书面陈述或者协议。

公司发布新版本的《采购通则》（包括附件）之前，旧版本的《采购通则》（包括附件）一直有效。

公司与供应商为独立签约双方，《采购通则》未使任何一方为任何目的成为另一方的代理人或者法定代表，同时未授权任何一方为另一方代表或者以另一方名义承担或者设立任何义务。

任何一方在任何时间未能要求另一方履行本合同内任何条款，都不应影响其在以后任何时间里要求履行此条款的权利；任何一方对违反合同中的任一条款的行为，不予追究不构成其放弃以后对同一条款或其他条款的违约行为的追究的权利。

三、项目采购过程

项目采购中，原材料和外协件采购过程按顺序包括以下子过程：潜在供应商评审、供应商咨询、供应商比质比价、供应商定点定价、供应商开发、供应商生产件批准、供应商转入批产管理，具体见图 8.2。

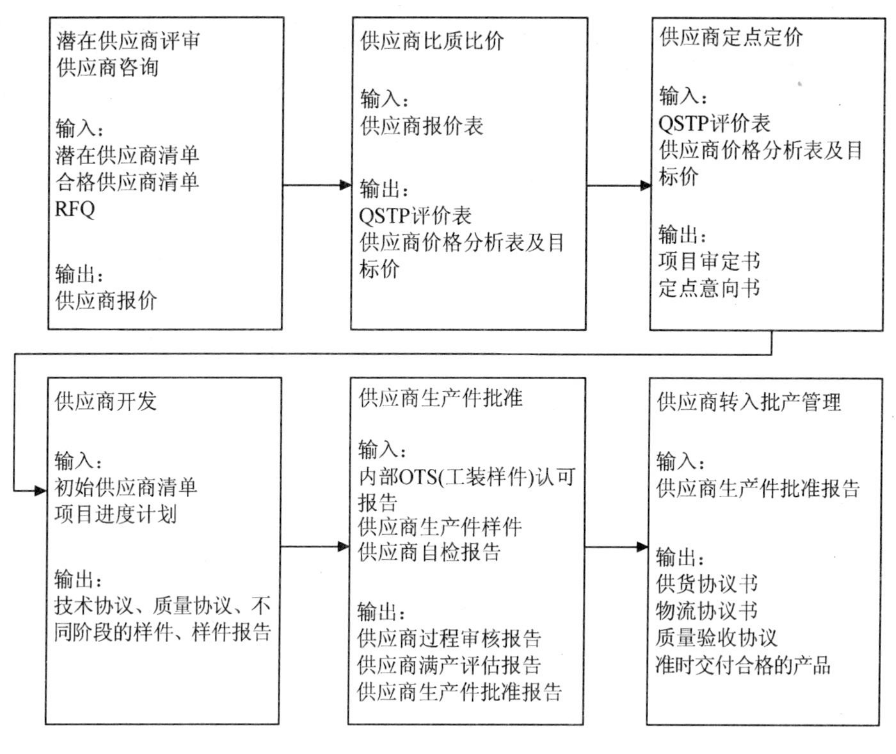

图 8.2 项目采购管理

以上子过程的具体流程和操作事项见本章的“二、项目采购管理的原则”。

四、项目采购方式的选择

（一）采购方式分类

根据项目本身的要求、项目面临的宏观和微观环境的不同，项目采购可以选择的方式多种多样。不同的采购方式又分别适用于不同的项目采购规模、不同的资金来源渠道、不同的项目采购对象的性质和要求。因此，在项目实施过程中，就有必要选择适当的采购方式。而且还可能出现在同一项目中同时使用多种不同的采购方式的情况，多种采购方式的合理组合使用，有助于提高采购效率和质量。

按采购方式可分为招标采购和非招标采购。

（1）招标采购主要包括国际竞争性招标和国内竞争性招标、有限国际招标采购。

（2）非招标采购主要包括国际询价采购、国内询价采购、直接采购等。

以下分别详述。采购方式分类如图 8.3 所示。

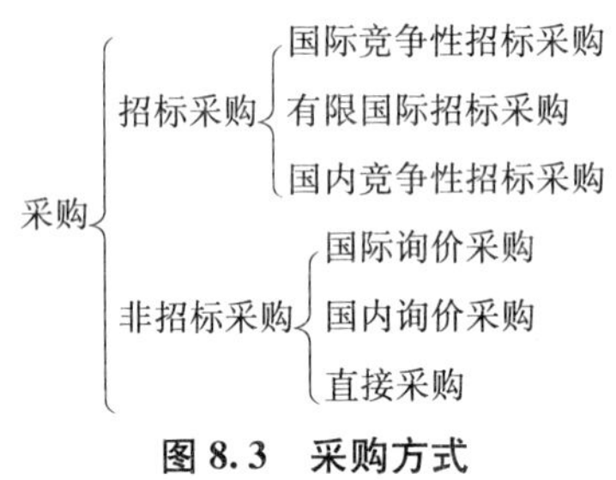

图 8.3　采购方式

采购的业务范围。一般采购的业务范围包括：

（1）确定采购需求，如货物的种类、规模、品种、数量等。

（2）调查分析客户供求现状。

（3）确定采购的方式是招标还是非招标方式，若用招标方式，采用哪种具体方式，是国际还是国内竞争性招标，还是其他采购方式。

（4）招标采购要组织进行招标、评标、合同谈判和签订合同；而非招标采购方式则要制定采购计划、采购认证、订单认证等。

（5）合同的实施与监督。

（6）合同管理，包括合同执行中对存在的问题采取的必要的行动或措施，合同支付，合同纠纷的处理等。

（二）常用的项目采购方式

1. 公开竞争性招标（无限竞争性招标）

公开竞争性招标是由招标单位通过报刊、广播、电视等公开媒体工具发布招标广告，凡对该招标项目感兴趣又符合条件的法人，都可在规定的时间内向招标单位提交意向书，由招标单位进行资格审查，校准后购买招标文件，进行投标。公开竞争性招标的方式可给一切合格的招标者以平等的竞争机会，能够吸引众多的供应商，也称为无限竞争性招标。

根据项目采购的规模大小、要求的货物和服务的技术水平的高低以及资金来源，公开竞争性招标又可根据其涉及的范围大小，分为国际竞争性招标和国内竞争性招标。

公开竞争性招标的优点：竞争公平而激烈；在更加广的范围内选择供应商；有利于选择最佳供应商。

公开竞争性招标的缺点：准备工作时间较长；可能会出现低水平标书；增加采购管理费用等。

这种招标方式主要适应对象是设备、模具等固定资产投资项目。

2. 有限竞争性招标（邀请招标或选择招标）

有限竞争性招标，又称为邀请招标或选择招标。有限竞争性招标是由招标单位根据自己积累的资料，或由权威的咨询机构提供的信息，选择一些合格的单位发出邀请，应邀请单位（必须有三家以上）在规定时间内向招标单位提交投标意向，购买投票文件进行投标。

有限竞争性招标优点：缩短评标周期和费用；有利于项目迅速开工；节省招标管理费用。

有限竞争性招标缺点：竞争不公平；不能有效地发现潜在的供应商；采购价格可能会提高。

这种招标方式一般使用于技术复杂的外购件、原材料。

3. 询价招标（议标）

即比价方式，一般习惯称做“货比三家”。它适用于项目采购时即可直接取得的现货采购或价值较小，属于标准规格的产品采购。

询价采购是根据来自几家供应商（至少三家）所提供的报价，然后将各个报价进行比较的一种采购方式，其目的是确保价格的竞争性。这种方式无须正式的招标文件，具体做法同一般的对外采购区别不大，只不过是要向几个供应商询价进行比较，最后确定采购的供应商。

询价采购优点：快速启动作业。

询价采购缺点：因缺乏竞争导致成本大幅度上升。

适应对象：一般外协外购件、原材料。

4. 直接签订合同

在特定的采购环境下，不进行竞争而直接签订合同的采购方法。这主要适用于不能或不便进行竞争性招标、竞争性招标优势性不存在的情况下。例如，有些产品或服务具有专有的技术，只能从一家供应商获得，或客户指定供应商。

5. 自制或自己提供服务

这种方式不是一种严格意义上的采购方式，而是由项目实施组织利用自己的人员和设备生产产品。这可能是由于项目的一些特殊要求或是项目组织从成本效益原则分析研究的结果所决定的。

为了避免发生高成本和低效率的问题，采用这种方式进行采购前应尽可能地作详细的设计，并估算成本，在实施过程中，应建立严格的内部控制制度进行进度、投资和质量控制。

五、案例——CW 公司的采购管理

（一）CW 公司的采购分类

1. CW 外协件分类和供应商比例分类

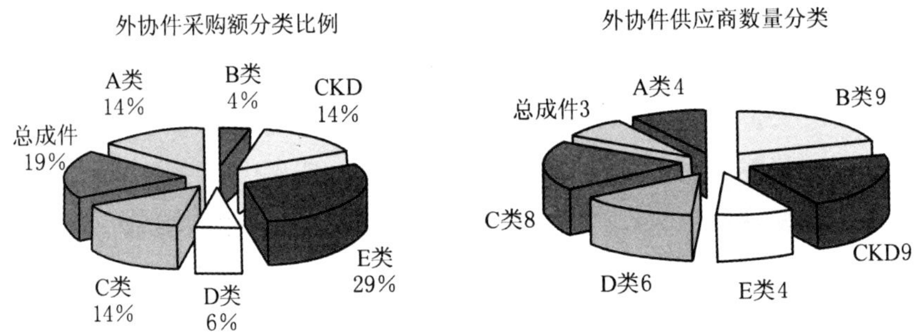

图 8.4 CW 外协件分类和供应商比例分类

外协件占采购金额（原材料与外购件总额）的85%左右，共约43家供应商。

2. CW公司原材料种类和供应商分布

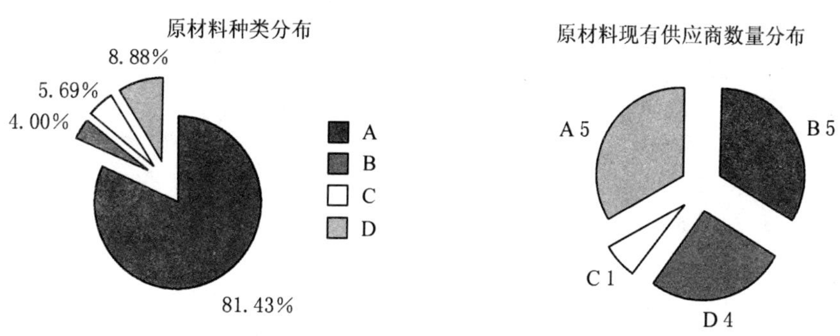

图 8.5 CW公司原材料种类和供应商分布

原材料约占采购额（原材料与外购件总额）的15%，共约15家供应商。

（二）CW公司的采购战略

1. CW公司采购供应链SWOT分析

表 8.1 CW公司采购供应链SWOT分析

优势（Strength）	劣势（Weakness）
• 有公司的品牌效应，对供应商同公司配套有吸引力 • 充分运用合资股东成熟的供应商资源和采购平台的全面支持 • 在区域客户中获取业务的成功率高，业务量大，对供应商快速发展有带动作用 • 业务涵盖欧系和日系，有成熟的区域OEM客户新产品开发管理先进经验，能给予供应商管理提升	• 对供应商的低成本要求较高 • 地域供应商开发水平不高，很多处于来模加工水平，产品设计、开发能力和风险控制能力较差；外地成熟供应商成本较高且反应速度相对较慢 • 尚未形成稳定的、高质量的供应商队伍，供应商资源未形成梯队 • 关键工艺和零件只有独家供货 • 理念差异，清晰的采购战略难以构建和实施

续表

机会（Opportunity）	威胁（Threaten）
• 公司拓展客户增多，每家主机厂都快速增长，零部件的采购量加大 • 区域供应商在逐步成长和发展 • 伴随着区域客户产量大幅增加，对一些高端供应商的吸引力增加，争取成本的优势增强 • 随着区域客户的高端车型上马，对于提升和优化、补充供应商资源有积极的作用 • 伴随客户的成熟，对供应商的选择更趋向QSTP比较下的综合配套实力	• 竞争对手的进入抢夺供应商资源 • 部分主机客户实行产品模具分摊，且分摊产量很高，供应商资金投入和投资风险大幅度增加 • 原油等原材料的价格的不稳定 • 客户对成本持续降低的压力 • 客户的要求持续提高 • 环保因素对成本的增加 • 部分产品利润太低，有供应商退出转行 • 有些能力提升的供应商转变为竞争对手

2. CW的经营理念

成为客户的首选供应商；成为供应商的首选客户。

3. CW战略目标

打造具备全面竞争能力的供应链。

形成具备本公司特色的高效、规范、低成本的采购流程。

培养具备团队精神、忠诚可靠、主动积极、资源充足的供应商队伍。

4. CW发展战略对供应链的要求

做强——供应商应具有子系统的设计开发能力，并与本公司集成设计、模块供货的发展战略相适应。

做大——供应商在质量、成本、反应速度上有竞争优势，使本地化或集中化的采购战略更具有统一性与运营的灵活性。

（1）关键指标要求。

表8.2　关键指标

关键指标	2004年	2005年	2006年	2007年	2008年
质量水平（PPM）	150	60	55	40	20
交货及时率	99%	99.10%	99.30%	99.50%	99.90%
库存周转次数	14	15	16	17	20

续表

关键指标	2004 年	2005 年	2006 年	2007 年	2008 年
成本同比下降比例	5%	5%	4%	3%	3%
关键供应商数量	130	100	80	80	80
联合改进小组数量	10	12	14	16	18

（2）其他要求。

组织及方法：建立跨组织的“一个平台”采购与物流组织，从而能做到“规模”与“灵活”相结合的最佳组织。

推进 ERP（Enterprise Resourse Plan，企业资源计划）管理系统；实施电子商务，实现网上采购、发放订单。

物流：推进第三方物流；推进 JIT（Just In Time，及时）同步配送；推进上线结算。

（三）采购战略执行

1. 组织保障

建立跨组织的“一个平台”采购与物流组织，从而能做到“规模”与“灵活”相结合的最佳组织。

（1）建立月度联席采购会议，通报情况，交流经验。

（2）成立跨组织“战略采购小组”，构造矩阵式结构决策组织，具体见表 8.3。

（3）制定统一的产品组战略，具体分成四类，见图 8.6，逐步形成“一个声音，一张面孔”。

（4）统一供应商业绩数据卡，集中资源对供应商进行管理。

（5）统一采购共同的材料与零部件，签订统一的“框架合同”。

（6）建立统一的数据库，集成采购数据。

表 8.3　“一个声音，一张面孔”的矩阵组织

	母公司	A 子公司	B 子公司	C 子公司	D 子公司	E 子公司	F 子公司
塑料原料	L			X	X	X	X

续表

	母公司	A子公司	B子公司	C子公司	D子公司	E子公司	F子公司
塑料件	L	X	X	X	X	X	X
覆盖物	X	L		X	X	X	X
化工原料	L	X		X	X	X	X
油漆	L	X		X	X	X	X
冲压件	X	L	X	X	X	X	X
电器电子	X	X	L	X	X	X	X

注：L——产品组采购牵头单位：牵头制定产品组战略，组织各单位统一定点、定价；

X——各涉及单位：参与制定产品组战略，参与本产品组定点、定价事宜。

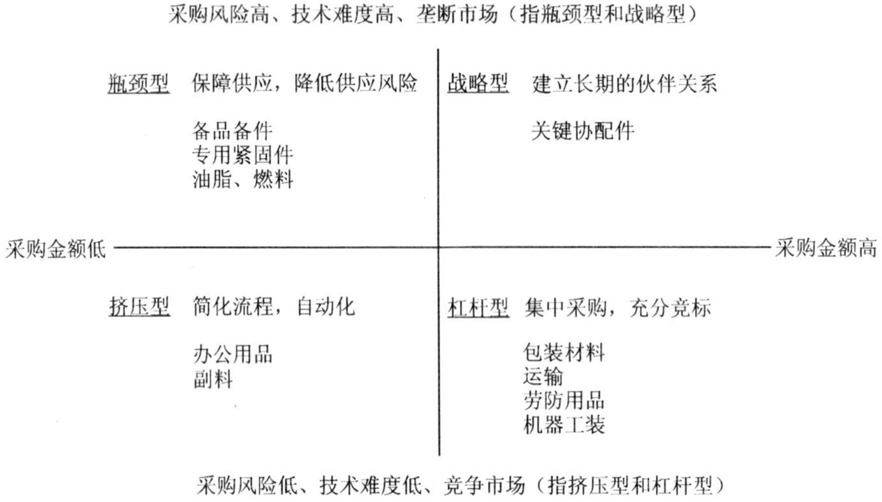

采购风险高、技术难度高、垄断市场（指瓶颈型和战略型）

瓶颈型 保障供应，降低供应风险

备品备件
专用紧固件
油脂、燃料

战略型 建立长期的伙伴关系

关键协配件

采购金额低 —— 采购金额高

挤压型 简化流程，自动化

办公用品
副料

杠杆型 集中采购，充分竞标

包装材料
运输
劳防用品
机器工装

采购风险低、技术难度低、竞争市场（指挤压型和杠杆型）

图 8.6 供应商细分矩阵

2. 供应商开发

（1）每月对供应商进行业绩考核并反馈，定期对供应商进行过程及体系审核。

（2）为每一家关键供应商围绕 QSTP（质量、服务、技术、价格）建立开发目标与计划。

（3）为不同水平的供应商建立三个层次的“套餐”（现场管理与精益生产，项目管理与 APQP，战略管理与公司运营体系），分三年给“战略型”供应商进行上述培训，帮助供应商提高水平。

（4）开展SPD供应商提升计划项目，寻找并消灭供应链各环节中的浪费，提升供应商的盈利能力与竞争力，供应商供货业绩提升循环。具体步骤参见图8.7。其中，8D是提升供应商解决问题能力的一种工具，报告的格式见表8.4。

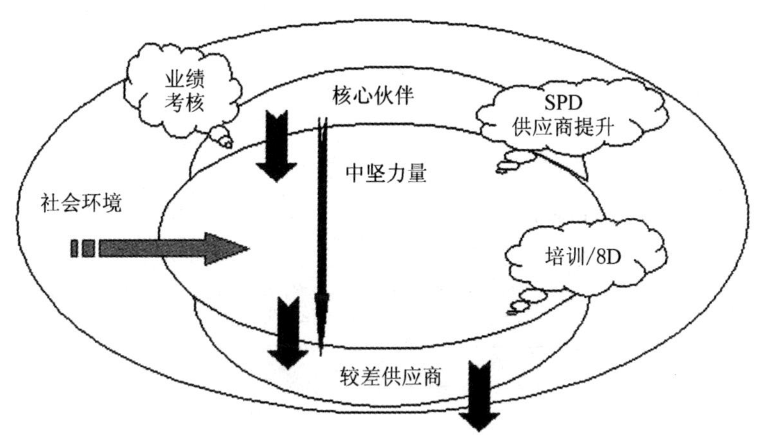

图8.7 行动措施——供应商供货业绩提升循环

表8.4 8D报告

发现日期：__________ 更新日期：__________ 解决日期：__________

D1	D2	D3	D4	D5	D6	D7
运用小组方法	问题描述	临时性抑制措施	发现并验证根本原因	选择纠正措施并验证	实施纠正措施并确认	防止系统问题
组长： 8D推进者： 组员：						
D8						
祝贺你的小组						
在成员组的共同努力下，找出了事故的原因，达成了一致的解决方案，相信该方案的实施，会有效地避免事故的再次发生						

3. 供应商发展的几个阶段（见图 8.8）

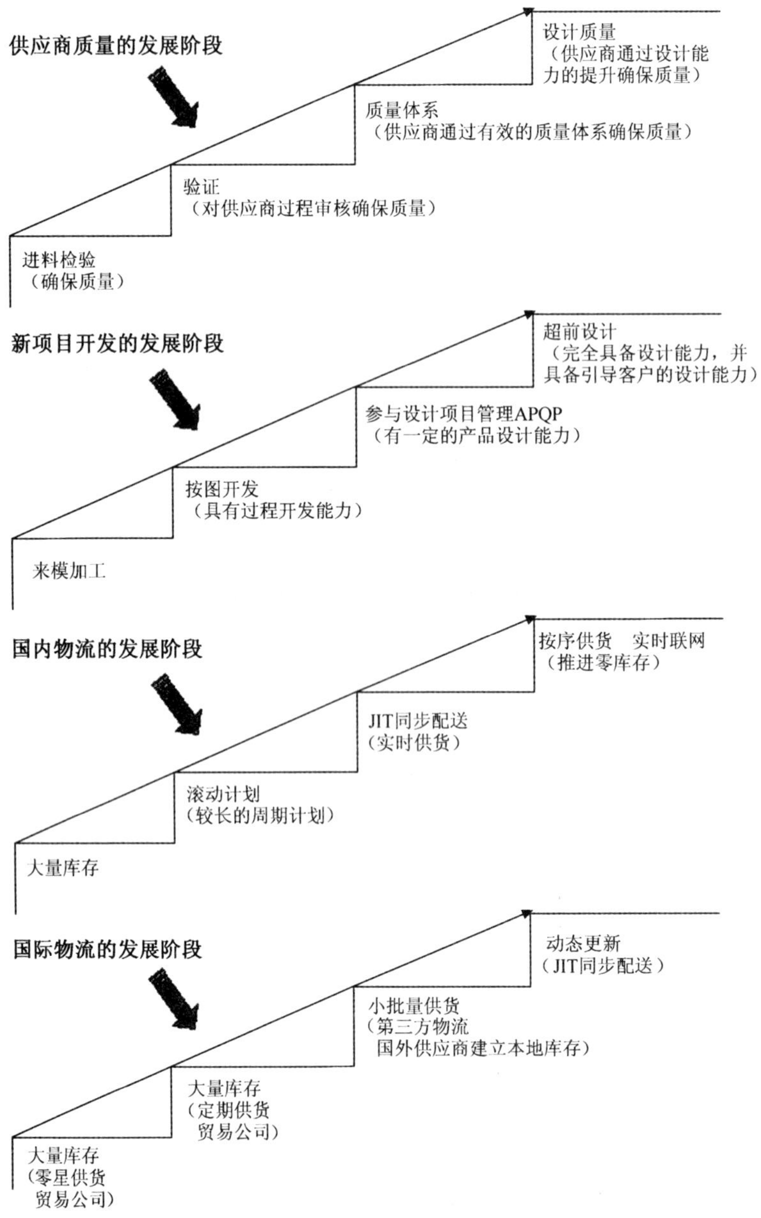

图 8.8　供应商发展的几个阶段

（四）CW公司低成本策略

核心的竞争力优势，包括低成本。

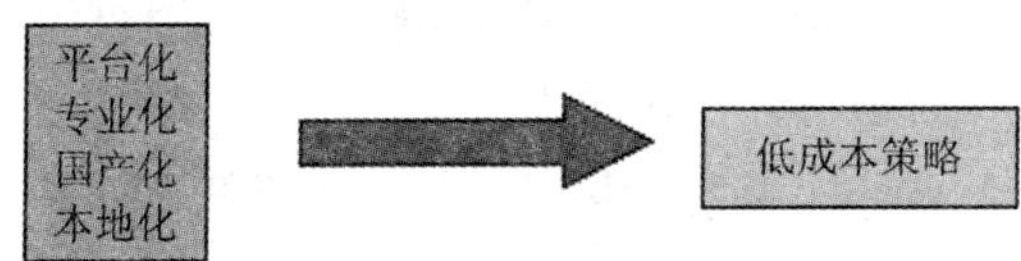

图 8.9　低成本策略

1. 原材料成本控制

材料：A材料。

供应商：某公司。

运作方式：由代理商完成采购和供货。

（1）问题。

①石油等基础材料价格的攀升/汇率上涨。

②原材料供应商的涨价。

③材料成本增加。

具体情况见图 8.10。

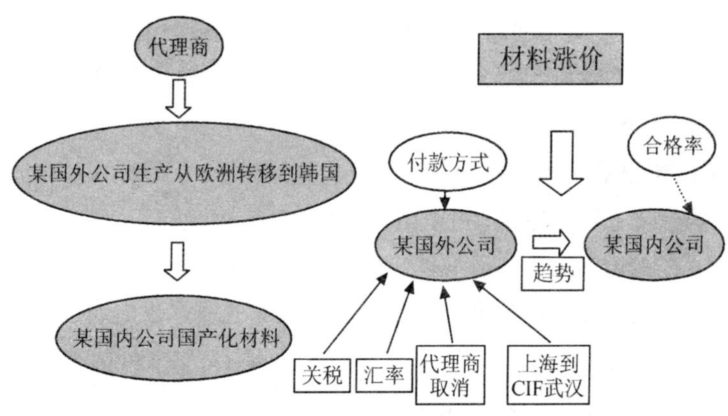

图 8.10　原材料成本控制

（2）对策。

①充分利用合资各方采购平台的集团力量和信息平台。

②动态关注原油等基础材料的行情趋势和汇率、关税调整。

③减少中间流通环节和优化物流。

④根据物资类别，材料国产化后动态跟踪进口材料价格。

⑤推进国产化，新项目开发时同步实施。

⑥同供应商建立良好的关系，共同发现成本降低空间。

⑦同供应商合作，向客户获取材料价格补差；付款方式更改。

⑧导入良性竞争氛围，引入绩效考核机制，新项目定点和量产项目的绩效挂钩；导入新供应商，增强对原供应商的控制力。

⑨价格调整机制：实施材料定价后的价格调整基本原则，运用并实施谈判后的议价。

2. 外协件成本控制对策

（1）观念灌输：竞争激烈；微利时代。

（2）借助合资各方采购平台的信息和力量。

（3）同项目财务合作加强成本构成分析和与供应商谈判、核价及价格跟踪机制。

（4）对于独家供货的产品组，逐步引入其他供应商进行竞争，促使其价格趋于合理。

（5）新项目的定点同老产品降价相捆绑。

（6）逐步建立产品组战略，同供应商形成战略合作伙伴关系。

（7）进口零件。

（8）零件分类。

（9）采购渠道优化（由代理商转供改为直供）。

（10）国产化（国外原供在中国生产/本地供应商生产）。

（11）股东采购平台价格分享。

（12）根据项目和零件类型和风险，开发培养低成本供应商。

（13）鼓励供应商提案，同供应商共同实施 VA/VE（价值分析/价值工程降成本），形成利益共享的良性循环。

（14）改型项目 B 点供应商开发尝试。

（15）导入采购总成本概念，改变外委物资的运作方式。

3. 非生产型物资采购策略

（1）借助合资各方采购平台的信息和力量。

（2）推进同股东的战略合作关系，互赢和整体利益最大化。

（3）针对不同项目和产品要求，引入和开发国产和低成本供应商，灵活的合作模式。

（4）减少专用设备和工装，项目统一规划，财务指标导向。

（5）研究国家和海关、税收政策，争取优惠政策。

4. 采购 CSS（降本增效系统）

（1）采购降价比率（不含国产化）。

（2）外协件降价比例/物流降价比例。

（3）采购应付账款周转天数。

（4）进口件/欧系/日系。

（5）采购年度国产化降本金额（采购降价基础上）＝（全年国产化降本金额－国产化开发费用－供应商分享－客户分享）。

（6）项目开发采购成本（财务制定目标价格）。

（7）批产后的采购件成本比定点时成本降低。

第九章　项目经理工具箱

我得买一个吹蜡烛的工具
人和动物的主要区别是会不会使用工具

一、项目时间进度表

项目时间进度表对项目的进度控制是一个重要的手段，通过项目时间进度表可以有效地管理项目开发的关键时间节点和关键路径。如表 9.1 所示，该表由项目经理编制，用于管理关键时间节点和关键路径，这与前面的“时间节点推进”原则是一致的。表的主要内容包括：任务、工期、开始时间和完成时间。

表 9.1　项目时间进度表

标识号	完成百分比		任务	工期	开始时间	完成时间	2008 年 1 月									
							1	2	3	4	5	6	7	8	9	10
							二	三	四	五	六	日	一	二	三	四
1	100%	√														
2	100%	√														
3	60%															
4	50%															
5	40%															
6	100%	√														
7	60%		注：本表单为项目经理编制，用于管理项目开发的关键时间节点和关键路径。													
8	50%															
9	40%															
10	100%	√														
11	100%	√														
12	100%	√														

二、问题清单

问题清单主要是用来推动解决问题的工具，首先是对任务或开口问题的描述，接下来是对该问题的原因分析，以及解决该问题所采取的措施。从提出问题到计划完成时间和实际完成时间，需要一个日期，这个日期不能被随意延长，必须和项目的时间进度保持一致。每个问题必须指定一个责任人，他要评估解决问题的状态情况，通常是用三种颜色描述：红色（R）表示该行动不能解决提出的问题，或其时间节点不能满足总时间进度的要求；黄色（Y）表示未按时间节点完成，但新的措施和进度不影响总的进度；绿色（G）表示正在按行动措施和预计的时间进度进行，可以满足总进度要求。如表 9.2 所示。

表 9.2 问题清单

编号：＊＊＊－PS08－00－03

版次：A0

序号	任务或开口问题描述	原因分析	采取的行动	日期			责任	状态	决议
				提出问题	计划完成	实际完成			
	注：本表用于记录项目中存在的问题、原因以及将要采取的对策，在项目实施过程中要不断更新该清单。								
1	产品批量白化	1. 原材料性能不合格； 2. 焊接工艺问题	1. 原材料改善样品将在下周到达工厂； 2. 将A点焊柱缩短	05－28－08	06－15－08	06－15－08	＊＊＊	C	接受
2									
3									
4									
5									
6									

三、项目管理人力资源需求表

公司根据各个项目的不同时间进度、项目复杂程度，对人员的需求不同，可以优化项目人力资源。这时候就需要用人力资源需求表。一旦项目组成立，就要明确人员清单及其成员所承担的责任。项目经理按照时间节点预测每位成员的工作负荷，并按月更新。见表 9.3。

表 9.3　公司项目管理人力资源需求表

制表人：　　　　　　　　　　　　　　　　　　　　　　　　制表日期：

项目代号		年份																		
		月份			1月		2月		3月		4月		5月		6月		7月		8月	
项目主要节点																				
项目名称																				

职能	说明	姓名	工号	小时费用	计划	实际	计划	实际	计划	实际	计划	实际	计划	实际	计划	实际	计划	实际	计划	实际
项目经理	项目负责人	* * *	* * * * *	* * *	1	1	1		1		1		1		1		1		1	

注：项目组成立后，列明人员清单及所承担的责任，由项目经理按照时间节点预测每位成员的工作负荷计划，并逐月更新。

续表

每月总人数																				
工程师 RMB/H				每月实际费用（000RMB)																
设计师 RMB/H				每月计划费用（000RMB)																
项目经理 RMB/H				每年计划费用（000RMB)																
外专 RMB/H				至今已发生费用（000RMB)																

四、项目总结汇报表

该表单（见图 9.1）用于月度项目总结，通常是项目经理向总经理/常务副总经理汇报时用。包括对以下 14 个方面的评价：客户时间节点的满足、当前项目进度控制状态、项目审核状态、项目盈利性评价、物料清单和风险控制、项目风险识别与控制、工程技术、采购、制造、质量等状态的汇报、客户满意度评价、政府要求的满足、项目组织资源的充分性评价、项目中的保密状况，最后做一次汇总性评价。通常，以上 14 项要素中只要一项为红色状态，汇总性评价即为红色状态。若以上 14 项要素评价全是绿色状态，汇总性评价则为绿色状态。除此之外，为黄色状态。该表单也可用于项目评审，即项目经理按以上内容先自评，公司经营委员会再按该 14 个方面逐项进行评价，最终做汇总性评价。

项目总结汇报表 PROGRAM SUMMARY REPORT				
项目:	经理:	日期:		
1. 客户时间节点			G	
要求	*要求日期*	*预测日期*		
工件			G	
首批件			G	
二批次件			G	
三批次件			G	
投产件			G	
第四次试制			G	
第五次试制			G	
投产			G	
2. 当前进度			G	
- 关控和里程碑			G	
- 进度计划更新			G	
- 时间进度情况			G	
3. 审核状态			G	
- 项目审核			G	
- 关控审核			G	
- 工程审核			G	
4. 项目盈利性			G	
- 平均售价			G	
- 设备模具(百万)			G	
- 开发费用			G	
- 盈利性			G	
5. 物料清单和风险控制			G	
- 更新物料清单			G	
- 提交的零件成本投资变更通知			G	
- 客户认可的零件成本投资变更事项			G	
- 对于剩余零件成本投资变更事项可接受的盈利			G	
6. 项目风险			G	
- 风险管理			G	
7. 工程报告			G	
- 初始设计问题			G	
- 关键技术和问题			G	
- 工艺过程流程图更新			G	
- 环境和卫生			G	
- 安全规定			G	
8. 制造汇报			G	
- 制造策略和生产工厂			G	
- 设施和布局			G	
- 预生产安排			G	
- 启动计划就绪情况			G	
9. 采购汇报			G	
- 定点完成			G	
- 商务状态和目标			G	
- 进度			G	
- 供应商APQP和启动状态			G	
10. 质量汇报			G	
- 客户质量和可靠性要求			G	
- 质量计划是否被客户签署			G	
- 技术要求和认可计划			G	
- 产品和过程FMEA			G	
- 样件提交			G	
- 客户业绩评分			G	
- 风险管理			G	
11. 客户满意和问题			G	
- 满意度			G	
12. 政府要求			G	
- 政府对项目的审批			G	
13. 项目组织			G	
- 全职			G	
- 兼职			G	
- 外借支持人员			G	
- 问题和困难			G	
14. 保密			G	
- 签署协议			G	
15. 总体评价			G	
- 绿,黄,红			G	

图 9.1 项目总结汇报表

五、项目盈利跟踪表

项目盈利跟踪表用于追踪项目的各项费用，包括开发费用和设备工装费用和项目盈利情况。见图 9.2～图 9.3，通过对费用和盈利的分析，可以清晰地知道项目的钱往哪儿花，从哪儿赚。公司可以做到更加合理地决策，这与前面提到的“依照数据运作”的原则一致。

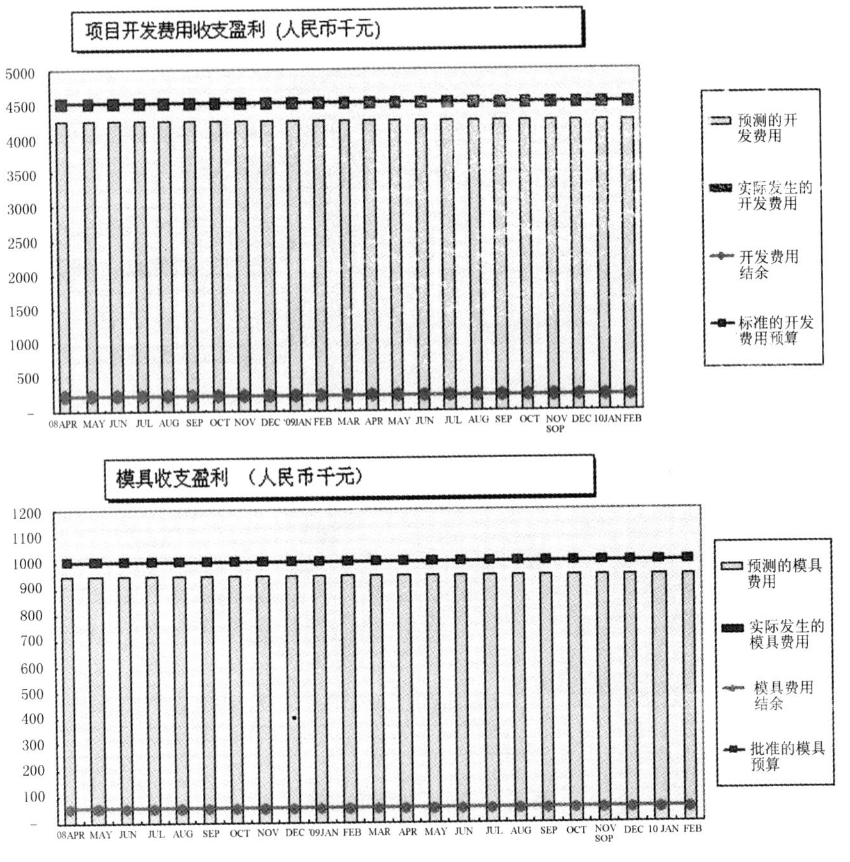

图 9.2 项目开发费用图

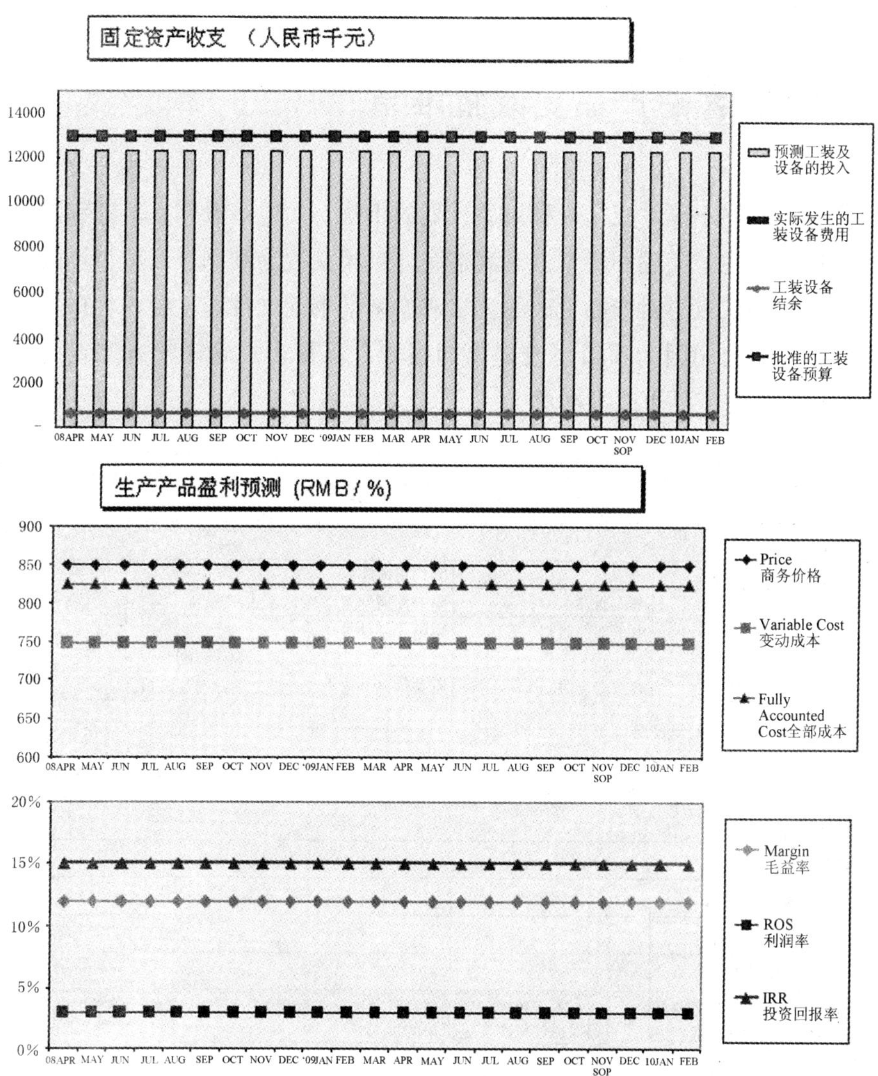

图 9.3 项目设备工装费用图

产品盈利的各项指标数据是根据项目进度和项目财务状况的动态变化而及时调整的。

六、客户产品更改批准单

产品更改，不能看成是一种对原计划的干扰，而应该看作是新的利润增长点。如前文所述，美国和日本汽车制造企业都将其视为利润点。项目更改批准单就是为了确认双方对产品更改的要求和态度的书面文件。主要内容包括：项目更改信息，公司因为项目更改提出的报价，以及客户确认状态。表 9.4 为 CW 公司的客户产品更改批准单。

表 9.4 客户产品更改批准单

<table>
<tr><td colspan="6">项目更改信息</td></tr>
<tr><td rowspan="9"></td><td>收到更改要求日期</td><td></td><td>客户更改序号</td><td></td><td rowspan="3">备 注</td></tr>
<tr><td rowspan="5">更改要求形式
（请勾出所有适用项）</td><td>书面通知</td><td>附书面通知复印件</td><td rowspan="2"></td></tr>
<tr><td>电子邮件通知</td><td>附电子邮件复印件</td></tr>
<tr><td rowspan="3">客户会议决定</td><td rowspan="3">有关信息（附会议纪要）</td><td>会议日期</td><td></td></tr>
<tr><td>客户与会人员</td><td></td></tr>
<tr><td>与会人员</td><td></td></tr>
<tr><td colspan="5">更改描述</td></tr>
<tr><td colspan="5"></td></tr>
<tr><td colspan="5"></td></tr>
<tr><td colspan="6">公司报价</td></tr>
<tr><td rowspan="11"></td><td>费用及时间</td><td>变化金额</td><td colspan="3">条件和条款</td></tr>
<tr><td>1. 工程费用变化</td><td></td><td colspan="3"></td></tr>
<tr><td>2. 模具费用变化</td><td></td><td colspan="3"></td></tr>
<tr><td>3. 更改引起已动工模具设备报废或返工成本</td><td colspan="4">注：本表单用于管理项目开发中“工程变更”引起的成本和价格变更，以确保抓住每次变更带来的机遇。</td></tr>
<tr><td>4. 单价价格变化</td><td></td><td colspan="3"></td></tr>
<tr><td>5. 时间进度变化</td><td></td><td colspan="3"></td></tr>
<tr><td>6. 其他影响</td><td></td><td colspan="3"></td></tr>
<tr><td colspan="2">要求客户答复期限（该工作日结束时间）</td><td colspan="3"></td></tr>
<tr><td colspan="5">如果期限时未收到客户书面答复，此报价在超过期限后自动作废。公司将仍按照现计划进行</td></tr>
<tr><td colspan="5"></td></tr>
<tr><td colspan="5"></td></tr>
</table>

续表

<table>
<tr><td colspan="5">客户决定（请用签字的方式选择一项）</td></tr>
<tr><td rowspan="12"></td><td rowspan="4">1. 客户同意上述报价中 1 至 6 项的内容，包括相关金额、条件条款和时间进度影响。批准东风伟世通进行更改</td><td rowspan="4">客户采购部授权签字人</td><td>签字：</td><td></td></tr>
<tr><td>姓名（请书写）：</td><td></td></tr>
<tr><td>职位：</td><td></td></tr>
<tr><td>日期：</td><td></td></tr>
<tr><td rowspan="4">2. 客户不能立即批准此报价，仍需做进一步考虑。要求某供应商暂时停止正在进行的原方案工作，等待客户进一步通知。客户接收由此引起的项目进度推迟并对其负责</td><td rowspan="4">客户采购部授权签字人</td><td>签字：</td><td></td></tr>
<tr><td>姓名（请书写）：</td><td></td></tr>
<tr><td>职位：</td><td></td></tr>
<tr><td>日期：</td><td></td></tr>
<tr><td rowspan="4">3. 客户不批准上述报价内容，决定不进行更改，项目仍按现行原计划进行</td><td rowspan="4">客户采购部授权签字人</td><td>签字：</td><td></td></tr>
<tr><td>姓名（请书写）：</td><td></td></tr>
<tr><td>职位：</td><td></td></tr>
<tr><td>日期：</td><td></td></tr>
</table>

七、项目 APQP 状态表

项目 APQP 状态表结合客户特殊要求和公司内部项目开发的要求编制而成。该表按阶段罗列了各项任务、任务完成后应输出的文件或证据、任务的责任人、应完成的日期、任务完成的状态。通常被用于项目质量日常跟踪项目工作是否按程序进行，也是关控审核的依据。

表 9.5　项目 APQP 状态表

项目名称：　　　　　　　　　　　　项目编号：　　　　　　　　　　　　日期：

序号	任务	相关文件	责任部门	责任人	关键日期	状态	备注
	阶段 1　业务准备						
1000	收到客户询价	询价资料					
1100	决定是否开展业务	项目分析表					
		产品建议书					
1200	成立报价小组，报价资料准备	业务预案（含报价假设）					
		新产品价格资料分析表					

续表

序号	任务	相关文件	责任部门	责任人	关键日期	状态	备注
		财务分析表					
		业务案					
1300	向顾客提交报价	报价书					
		经验教训总结					
1400	关控审核	关控1＃记录页					
	阶段2 承诺资金及内部资源						
2000	更改控制	报价更新汇总					
2100	顾客同意报价，获得顾客定点	顾客对项目承诺的证据					
2200	项目经理任命	项目授权书					
2300	成立项目横向协调小组	项目横向协调小组成员名单					
		项目时间进度表					
		APQP状态表，关控审核时间进度表					
		可靠性目标					
		项目开发质量目标					
		项目成员培训需求					
		小组可行性承诺					
2400	项目拨款申请批准	经批准的拨款申请					
		经验教训总结					
2500	关控审核	关控2＃记录页					
	阶段3 设计开发						
3000	风险评估	风险评估报告					
3100	分供方设计需求	供应商布点计划					
		前期布点目标价格协议					
		分供方SOR					
		分承包方清单及时间进度表					
		顾客提供产品清单					
		分供方设计确认					
3200	造型冻结	相似任务经验总结					
		设计潜在失效模式及后果分析					
		特殊特性清单					
		系统和零件装配示意图					
		设计验证计划					
		顾客对造型的确认					
3300	详细设计开发	设计和制造方案					
		客户要求评审报告（输入评审）					
		产品介绍					

续表

序号	任务	相关文件	责任部门	责任人	关键日期	状态	备注
		初始物料清单					
		初始过程流程图					
		小组可行性承诺					
3400	工程评审，发布和冻结	产品标准清单					
		试验大纲					
		新设备、工装模具清单					
		新试验设备清单					
		检具清单					
		环境因素调查表，环保检查表					
		化工原料清单及MSDS和有效期清单					
		岗位危险因素调查表					
		各阶段设计评审报告					
		GD&T 图纸清单/数学数据清单					
		外观样板及清单					
3500	更改控制	顾客确认的工程更改通知及评审记录					
		设计更改小结					
3600	样件制造	样件清单					
		样件控制计划					
		样件检测报告					
3700	设计验证	设计验证报告					
		各阶段输出检查清单					
3800	设计确认	设计确认					
		经验教训总结					
3900	关控审核	关控 3＃记录页					
	阶段 4　过程开发						
4000	分供方控制	分承包方清单、时间进度表					
		技术协议					
		工装样件认可报告					
		材料认可清单					
		批产前评审报告					
		验收协议					
		分供方 PPAP 认可报告					
		分供方节拍生产评审报告					
		新品材料启动会签单					
		新品材料移交单					
		外观封样件清单					
4100	制造工艺开发	过程潜在失效模式及后果分析					

续表

序号	任务	相关文件	责任部门	责任人	关键日期	状态	备注
		过程流程图					
		物料清单					
		顾客确认的工程更改通知及评审记录					
		新设备及备件清单，时间进度表，验收报告					
		新工装模具及备件清单，时间进度表，验收报告					
		产能规划					
		设施及布局、平面布局图					
		物流指导书					
		工位器具、包装标准规范、制造时间进度表					
		检具及备件清单、时间进度表、验收报告					
		MSA 分析计划					
		测量计划					
		试验设备清单、时间进度表、验收报告					
		测量、试验时间进度表					
		工艺验证计划					
		试生产控制计划（包括进料检验）					
		试生产过程指导书					
		人员配置计划					
		人员培训需求					
4200	获得客户 OTS 认可	客户认可的 OTS 报告					
		经验教训总结					
4300	关控审核	关控 4＃记录页					
	阶段 5　投产准备						
5000	工艺验证	工艺验证报告					
5100	过程能力评估	机器设备能力 Cmk					
		初始过程能力 PPK					
		MSA 报告					
		检具验收资料					
		物流包装验证报告					

续表

序号	任务	相关文件	责任部门	责任人	关键日期	状态	备注
		试生产计划和销售预测					
		设备安装、调试验收移交单					
		专用工装管理卡（模具）					
		专用工装管理卡（检具）					
5200	外观件评估	外观件认可报告及外观封样件					
5300	获得客户 PPAP 认可	PPAP 相关资料					
		客户 PPAP/批量认可报告					
		各阶段工程评审报告					
5400	日常生产控制准备	生产控制计划					
		产品审核指导书					
		生产过程指导书					
5500	过程及产品审核	过程审核报告及整改措施验证报告					
		产品审核报告					
		节拍生产报告					
		项目问题清单及整改计划					
5600	项目开发总结	经验教训总结					
5700	关控审核	关控 5＃记录页					
	阶段 6　SOP 后 3 个月						
6100	项目结案	项目问题清单及整改计划验证					
6200		项目结案报告					
6300		经验教训总结					
6400	日常生产	日常的生产运行衡量数据的统计报表					
6500	项目 APQP 资料归档	项目 APQP 资料袋归档清单					
6600	关控审核	关控 6＃记录页					

编写项目质量工程师：　　　　审核项目经理：　　　　批准质量部长：

八、物料清单

物料清单是为了满足生产对原料或者零件提出数量规格要求的文本文件，通常是产品结构的分解和描述的文件，一直分解到最基层的原料定义，也用于分析产品工艺流程及价格估算。具体的控制描述见“第六章　项目管理过程与方法”中的“九、物料清单管理程序”。表 9.6 为 CW 公司的物料清单。

表 9.6 物料清单

CW 公司　　　　　　　　　　　　　　　　　　　版次：A0

编号：－DS05－00－18

产品号：　　　　　　　　　　产品名称 ：　　　　　　　　　　共　页　第　页

序号	级号	1	2	3	4	件/辆	自制/外购/标准件	零件号	零件名/描述	材料名称	材料牌号及颜色	规格及标准	坯料尺寸	坯料可制件数	单位	每件净重	每件毛重	工艺消耗定额	利用率%	材料/定点厂商

注：本表单为产品结构的分解和描述，一直到最基层的原材料定义，用于分析产品工艺流程及价格估算。

标记	处数	修改文件号及描述	编制	校对	会签	审核	批准/日期

填写说明：

编制：项目阶段由项目组编制；由现场工艺科负责编制、修订；

校对：由编制部门校对；

会签：项目阶段由启动经理会签，批产后由生产科会签；

审核：由财务部制授权人员审核；

批准：项目阶段由项目经理批准，批产后由现场工艺科经理批准。

九、关控评审表

关控评审表为项目关控使用，用于跟踪项目问题关闭的状态，并判断项目是否具备进入下一阶段的条件、是否存在重大风险。表 9.7 为第一阶段关控评审表。表 9.8 为第二阶段关控评审表。表 9.9 为第三阶段关控评审表。

表 9.7　业务准备关控评审表（用于项目第一阶段关控）

<table>
<tr><td colspan="2"></td><td colspan="2">业务准备</td><td colspan="2">关控 1 签署单
编号：02—01
版次：A0</td></tr>
<tr><td colspan="2">项目编号</td><td>生产年</td><td colspan="2">项目名称</td><td>关控评审日期</td></tr>
<tr><td colspan="2"></td><td></td><td colspan="2"></td><td></td></tr>
<tr><td>编号</td><td>问题描述</td><td>措施（如需要）</td><td>计划完成日期</td><td>责任人</td><td>状态</td></tr>
<tr><td></td><td colspan="5" rowspan="2">注：本表单为项目关控使用，用于跟踪项目问题关闭的状态，并判断项目是否具备进入下一阶段的条件、是否存在重大风险。</td></tr>
<tr><td></td></tr>
<tr><td></td><td></td><td></td><td></td><td></td><td></td></tr>
<tr><td></td><td></td><td></td><td></td><td></td><td></td></tr>
</table>

<table>
<tr><td>项目被批准通过关控 1：□
· 本阶段的可交付项目内容/记录状态都是绿色的
· 所有质量和财务项目目标都已得到满足
· 所有客户要求都已得到满足
在下面签名处由核心小组成员主管或其指定代理人签字确认：</td><td>项目被带条件批准通过关控 1，所带条件在上表或附页中列出：□

在下面签名处由核心小组成员主管签字并确定负责跟踪关闭相关开口问题的责任人：</td></tr>
</table>

项目经理　　客户部长　　工程部长　　供应链管理部长　　质量部长　　工厂厂长

______　　______　　______　　__________　　______　　______

表 9.8　承诺资金及内部资源的关控评审表（用于项目第二阶段关控）

<table>
<tr><td colspan="2"></td><td colspan="2">承诺资金及内部资源</td><td colspan="2">关控 2 签署单
编号：02—02
版次：A0</td></tr>
<tr><td colspan="2">项目编号</td><td>生产年</td><td colspan="2">项目名称</td><td>关控评审日期</td></tr>
<tr><td colspan="2"></td><td></td><td colspan="2"></td><td></td></tr>
<tr><td>编号</td><td>问题描述</td><td>措施（如需要）</td><td>计划完成日期</td><td>责任人</td><td>状态</td></tr>
<tr><td></td><td colspan="5" rowspan="2">注：本表单为项目关控使用，用于跟踪项目问题关闭的状态，并判断项目是否具备进入下一阶段的条件、是否存在重大风险。</td></tr>
<tr><td></td></tr>
<tr><td></td><td></td><td></td><td></td><td></td><td></td></tr>
<tr><td></td><td></td><td></td><td></td><td></td><td></td></tr>
</table>

续表

项目被批准通过关控 1：☐ · 本阶段的可交付项目内容/记录状态都是绿色的 · 所有质量和财务项目目标都已得到满足 · 所有客户要求都已得到满足 在下面签名处由核心小组成员主管或其指定代理人签字确认：	项目被带条件批准通过关控 1，所带条件在上表或附页中列出：☐ 在下面签名处由核心小组成员主管签字并确定负责跟踪关闭相关开口问题的责任人：

项目经理	客户部长	工程部长	供应链管理部长	质量部长	工厂厂长
________	________	________	____________	________	________

表 9.9　设计开发的关控评审表（用于项目第三阶段关控）

		设计开发		关控 3 签署单 编号：02—03 版次：A0	
项目编号		生产年	项目名称	关控评审日期	
编号	问题描述	措施（如需要）	计划完成日期	责任人	状态
	注：本表单为项目关控使用，用于跟踪项目问题关闭的状态，并判断项目是否具备进入下一阶段的条件、是否存在重大风险。				

项目被批准通过关控 1：☐ · 本阶段的可交付项目内容/记录状态都是绿色的 · 所有质量和财务项目目标都已得到满足 · 所有客户要求都已得到满足 在下面签名处由核心小组成员主管或其指定代理人签字确认：	项目被带条件批准通过关控 1，所带条件在上表或附页中列出：☐ 在下面签名处由核心小组成员主管签字并确定负责跟踪关闭相关开口问题的责任人：

项目经理	客户部长	工程部长	供应链管理部长	质量部长	工厂厂长
________	________	________	____________	________	________

下篇

项目管理实践

——目 标、 实 施、 体 验

第十章　项目前期商务

市场如战场，狭路相逢勇者胜。
谁有竞争力，谁就拥有了市场。
谁赢得市场，谁就赢得了胜利。

一、项目前期商务的重要性

企业的目的是追求效益最大化，而企业的效益则来源于有竞争力的项目（产品），因此，“项目（产品）是企业生存之根、发展之本”。没有项目，企业就没有效益载体，也就难以发展。因此，如何获得新项目，对企业来讲是至关重要的。正因为重要，才确立了客户至上的思想。当前，严峻的市场形势，需要我们全力以赴去争取新项目、新市场。

只有想不到的事情，没有做不到的事情；只要是我们想做到的事情就一定能够做到。我们认为只要拥有正确的态度和必胜的信心，以“水滴石穿”和“狭路相逢勇者胜”的精神，就一定能够获得新项目。

目标：获得项目——客户的希望与要求就是我们的目标。

要获得新项目、新市场，就必须清楚客户（主机厂）的希望和要求。客户需要的是“技术先进、质量最好、价格最优、交付准时、服务最好的零部件供应商”。这既是客户的要求，也是我们的目标，以使客户（主机厂）获得质量、成本和市场的竞争优势。

二、组织与实施

（一）沟通小组

沟通交流——客户对公司的充分了解和能力的认可及良好的印象是非常重要的。因此，沟通的桥梁和纽带作用至关重要。要发挥总经理/常务副总经理、商务部部长、前期项目经理、项目商务助理等的作用——要与客户进行“兵对兵、将对将”的良好的沟通与交流，这是获得项目的基础。

（二）推介小组

技术交流——走进去、请过来。获得客户对技术、质量和进度的认可。因为工程技术部长（总工程师）、质量部长、项目经理、产品设计师、产品工程师等与客户相关部门沟通和交流得好，项目就成功了一半。

（三）报价小组

商务交流——在研发、质量、进度和交付能力保证的前提下，价格是获得新项目的决定性因素，只有拥有最有竞争力的价格才能获得新项目。因此前期项目经理或项目经理、项目客户经理、项目财务分析经理、项目采购工程师、产品工程师、质量工程师、设备模具工程师等在准备好有竞争力的报价基础上，还要与客户进行充分的商务交流：介绍公司的设计假设、工艺假设、技术优势、项目管理优势，保持良好技术的沟通，以取得客户的信任。

三、面临挑战

市场如战场，狭路相逢勇者胜。机遇与挑战并存，机遇是要靠我们去努力创造和争取的，而挑战是我们必须面对的！

“七个挑战”

“第一个挑战”是外资企业。争抢高端、高附加值产品，拼技术、拼质量、拼原配（外资供应商利用外资客户在国外同步开发、全球定点的优势，控制在中国的产品布点。既有经济利益的驱使，也有政治利益的因素）。

“第二个挑战”是合资合作企业。在利益优先的驱动下，都希望多分一杯羹，没有免费的蛋糕（技术转让费、权益金及技术支持费等）。

“第三个挑战”是小规模企业。争抢中低端、低附加值的产品，以低成本战略，拼价格（具有价格优势，对客户的价格影响力和渗透力都很强）、拼进度（危机意识和客户意识较强）。

“第四个挑战”是主机企业（客户）。技术质量要求不断提高，而降成本战略前移，降价没商量（这就要求必须降低开发成本、采购成本和制造成本）。

“第五个挑战”是本公司的供应商企业。千方百计争抢利润空间，俗话说得好：“从南京到北京，买家没有卖家精”（要生存、要有竞争力，就必须降低采购成本）。

“第六个挑战”是有主机厂背景和有特殊关系的竞争企业。对有利的业务就争，拼关系、拼背景、拼保护（主机厂保护主机板块利益，采取同等条件优先或不同等条件也优先的策略）。

“第七个挑战”是我们自己。如果我们不战胜自己的弱点和惰性，不改变我们的现状，不提高我们的竞争能力，我们将会被自己打败！目前存在的与市场不相适应的观念，市场意识、危机意识和竞争意识淡薄。存在着“三个偏高和三个偏低”的状况，即“研发成本偏高，制造成本偏高，采购成本偏高；工作效率偏低，产品附加值偏低，设备利用率偏低”等状况，必须改变这种没有竞争力的现状。同时，我们还必须克服“持誉不前和安于现状”的现象。成绩属于过去，一切要从零开始。这样才能使我们的项目管理步入良性的循环轨道，即获得新项目，做好新项目，再获得新项目。

四、获取项目的指导思想与策略

（一）获取项目的指导思想

首先要做好项目分析：公司在获得客户新项目布点的信息后，不是什么项目都去争抢。第一项工作就是首先要对新项目进行认真分析（如盈利性分析、风险分析和可行性分析等）后明确：这一新项目是否需要获得，即在新项目的什么样的条件下去争取获得，例如：①CW 公司董事会要求的投资回报率（IRR）要达到××%以上，税后的销售利润率（PAT. ROS）要达到××%以上；②战略性的新项目（对本公司发展至关重要的，或者为了控制竞争对手获得的新项目，其投资回报率（IRR）要求不低于××%以上，税后的销售利润率（PAT. ROS）要求不低于×%以上）。另外，在新项目什么样的条件下不需要获得此项目，例如：①达不到董事会要求的投资回报率的项目；②非战略性的项目和非核心业务以及不能有效控制风险的新项目。

能否获得新项目的关键在于我们有没有获得新项目的信心和勇气，“观念决定思路，思路决定出路”。因此，正确的观念和态度就是决定一切的关键。观念和态度决定一切，公司高层和管理层（包括负责和参与项目的所有人员）的观念和态度是非常重要的。必须树立“项目是企业生存之根、发展之本”的理念。即企业如果没有新项目，企业的生命就会枯竭（正在实施的项目：是今天的钱；正在开发的项目：是明天的钱；正在争取的项目：是后天的钱）正确的行动来源于正确的思想：只有淡季的思想，没有淡季的市场。因此，我们要抓住一切商机，要以客户为中心，建立以客户为导向的组织机构，以客户至上为行动纲领。以对企业的忠诚、严格的执行力和尽职尽责的态度去赢得客户的信赖，获得新项目的定点。

成功的认识决定成功的行动，成功的行动决定成功的业绩；成功的关键因素在于有成功的决心和对目标的坚持不懈。

获得新项目的指导思想是：以“洋人的技术、老乡的价格”与竞争对手争夺新项目，战胜竞争对手，获得新项目。当然，“洋人的技术代价很高、老乡的价格很难做到”。因此，我们自己必须拥有先进的技术和本地化的研发能力（我们要学会借力：①通过借助客户的要求和高层的支持做好本地化研发能力建设和发展工作；②通过外方合资伙伴的合作关系，引进技术和技术人才；③借助客户联合开发或合资伙伴的技术中心及技术平台输送人才、培养人才）。要克服“三高”，即克服研发成本高、采购成本高、制造成本高的现状，这样才能战胜“洋人”竞争对手和“老乡”竞争对手。坚持以“洋人的技术、老乡的价格”迎接挑战，战胜竞争对手。这既是企业的经营战略，也是企业开拓市场获取新项目的营销方策和具体措施。

中外合资公司的建立为获得高技术含量的新项目奠定了基础（当然合资公司也不是万能的）：建立合资公司是为了做强做大、增加销售收入和利润，但更重要的是要“师夷、平夷、胜夷”，要建立一支拥有先进技术和先进管理能力的本地化人才队伍。这是核心竞争能力的体现，这是建立中外合资公司的根本目的所在。因此，一定要建立本地化的设计研发能力，将“本土制造”变成“本土设计制造”；将“洋人的技术”变成“本土公司的技术”；将“老乡的价格”变成“本土公司的价格”。这也是企业获得技术含量高、收益好的新项目的关键所在。

（二）获得项目的策略

（1）“先内后外，内外兼得”：正确运用好“背靠大树好乘凉和背靠大树不乘凉”的辩证关系。即在战略上我们要有“不乘凉”的思想。不靠“神仙和皇帝”，要靠我们自己，在市场经济的条件下，大家都是一样的，公平竞争；但是，在战术上我们要能乘凉的尽量乘凉，争取本公司所属集团和集团内合资公司的项目在同等条件下的优先。用好、用足内部“旗下一家人”的资源。在先内后外的基础上做到内外兼得（我们必须清醒地面对现实，要获得新项目的现状是：内部难，外部更难。因此，要争取实现“本公司所属集团内合资公司——主机厂新项目的利益优先要建立在内部零部件资源利益优先的基础上，以支持本集团内部零部件企业或内部零部件合资企业的建设和发展”）。

（2）竞争能力：是获得新项目的关键因素之一，或称之为决定因素。技术研发能力、质量管理控制能力、制造能力、交付能力和价格是否具有竞争能力。要建立综合竞争能力，实现本地化人才队伍建设、项目管理、技术研发、质量控制、成本控制和供应商管理等核心竞争能力的提升，再加上和谐的客户关系是获取新产品的制胜法宝。

（3）引导客户：以本公司的项目专业化设计能力影响客户、引导客户，进行超前设计或与客户整车设计同步开发（案例：如 CW 公司在某产品的模块化项目上与客户的同步设计开发，不但满足了客户的需求，也同时使本公司获得了良好的收益）。

（4）以快制胜的速度：对市场的敏感就如“春江水暖鸭先知”，能根据客户的要求做出快速反应。市场如战场，快鱼吃慢鱼（对客户新业务信息的敏感度和反应速度是非常重要的）。

（5）水滴石穿的精神：“山重水复疑无路，锲而不舍又一村”。变不可能为可能。如有的项目因经济与政治因素并存，因此更要有韧劲和钻劲。要在激烈的市场竞争中求发展，要获得新项目，就要有钉子般的挤劲和钻劲，就要有

“水滴石穿、一往无前、志在必得”的精神。

（6）客户关系：与客户交朋友成为知音和知己，是获得新项目的重要因素之一，在同等条件下会成为决定性因素。在本企业内部交流的同时，千万不要忘记与客户的交流。我们要做到“长流水不断线”。切忌“用时靠前，不用时靠后”，这样是不会处理好与客户的关系的。我们必须充分认识到“项目是饭碗，客户是老板”的道理。我们一定要以客户为导向，因为客户是我们的衣食父母和上帝；年节假日是与客户交流的最好时机和时节，“亲戚越走越亲”，对重视市场和客户的总经理、客户部长和商务经理以及市场销售人员来讲是很少有年节假日休息的。年节假日与客户的沟通是非常重要的，与客户沟通的方式有：观看F1，聚餐，考察，出游，垂钓，歌会，舞会，音乐会；进行高尔夫、网球、羽毛球、乒乓球、篮球、足球等友谊赛，“以舞会友，以球会友”，开展健康有益的文体商务公关活动（例如，CW公司组建了一支高水平的羽毛球队，其中一项重要的任务就是打“商务球”，开展“羽毛球商务外交”。在人人重视健康的今天，采取“请客户吃饭不如请客户流汗”的方式，收到了事半功倍的效果）。因此，我们在做好项目的技术交流和商务报价的同时，处理好与客户的关系是非常重要的。与客户建立“兄弟般”的健康和谐的供需关系，成为相互信任的战略合作伙伴是至关重要的。客户愿意把新项目给自己信任和具有竞争能力的供应商。

如何与客户建立良好的关系，除了亲属和亲戚之外的关系不是与生俱来的，人之初不相识，关系是靠人建立的。俗话说，“事在人为，一回生二回熟”。对客户要以诚相见，以诚待人，心诚则灵。当然，企业的技术、质量、价格、成本和交付控制等竞争能力是与客户建立永久性战略合作伙伴关系的基础和关键所在。有了这一基础，企业与客户的关系才能成为“根深叶茂”的常青树，企业发展之路才能越走越宽、越走越远。

（7）建立客户档案：可以根据需要分三层次建立客户档案。第一层次：客户的中外方总经理、副总经理（如：负责采购、技术、质量、财务和制造等）；第二层次：客户的部长（如：负责采购、技术、质量、财务和制造等部门的部长）、项目平台主任、项目经理；第三层次：客户的部门下属的科股级经理、项目主管、工程师（采购、产品、质量、检测验证、制造和物流主管，等等）。档案内容可根据需要存档，如：客户有关人员的准确生日、爱好、家庭和背景情况，等等。客户档案属于商业秘密，必须严格保密（以商业目的建立的客户档案不能涉及客户有关人员隐私的材料，因此要特别注意和审慎）。

（三）如何获得新项目

“知己知彼，百战不殆”，“只有了解竞争对手、了解自己，我们才能战胜竞争对手”。要获得新项目还必须做到“知己知彼，百战不殆”。我们不但要对自己公司的各方面情况了如指掌，还必须掌握同行业主要竞争对手在项目管理、产品研发、工程技术、质量管理、制造能力、成本控制和产品价格竞争能力等方面的信息和情报。要研究和分析竞争对手的信息和相关情况，以制订本公司的竞争策略、计划和行动措施。这样在与竞争对手争夺新项目的搏击中才能立于不败之地！

以“洋人的技术、老乡的价格”作为指导思想和营销策略，再加上和谐的客户关系是我们获取新项目的制胜法宝。

第十一章　控制好采购成本

一、采购的指导思想

项目组的每一个成员都必须清楚项目的采购指导思想："为公司项目采购要像花自己家的钱一样，去精打细算，一分钱掰两半花。"用同样的钱获得质优、价廉、物美的物品和服务，即获得最优性价比的物品和服务。

二、项目采购的组织

（1）公司采购委员会：由中方、外方总经理和供应链管理部、财务部、项目经理、工程技术部、质量部、商务部、制造部（工厂）等部门的部长组成。据项目进度要求，定期召开。

（2）供应商预选工作组：由供应链管理部、相关项目组、工程技术部、质量部、财务部等部门的有关人员组成。根据项目进度要求，不定期召开。

三、项目采购的原则

（1）先内后外的原则：用足用好内部现有资源，能内部公司或工厂做的首先安排内部做，即内部做比外部做对公司有利的，而且收益能满足预算的产品，原则上不准外采。

（2）关联公司同等 IRR 的原则：适用于股东方和与本公司有关联的合资或者参股公司等。

（3）比质比价的原则：要求至少有三家以上的有技术、质量、制造实力和交付保证能力的供应商进行比质、比价、比交货期和服务质量。

（4）确保项目预算的原则：为了确保本公司新项目的 IRR 和 ROS 满足项目预算的要求，项目组要控制厂房、设备、模具、工装和工位器具等的投入，除技术含量高和质量要求高的关键和核心部件及总成装配自己做之外，可以采取部分协配件外委的方式（如：CW 公司的协配件采购装配方式）。

（5）供应商定点上会的原则：供应商的选择必须经公司采购委员会集体讨论确定（如：CW 公司所有项目的定点都是在会上共同讨论确定）。

（6）潜在供应商预选报告的原则：评审报告要标明，质量体系控制能力/质量管理能力（Q）、交付和售后服务能力（S）、供应商的技术能力/制造能力（T）和价格竞争能力（P）等的情况。

（7）按照程序运作和审批的原则：要严格按照本公司采购通则和合同管理规定的工作流程进行运作和审批（见表 11.1～11.3）。

供应商 QSTP 评价要遵循按程序运作和审批的原则（见表 11.1）。

表 11.1　供应商 QSTP 评价（评分）表

供应商名称	质量 Q	得分	服务 S	得分	技术 T	得分	价格 P	得分	综合评分

续表

供应商名称	质量 Q	得分	服务 S	得分	技术 T	得分	价格 P	得分	综合评分

项目采购： 项目 SQE： 产品工程师：

审核： 批准：

供应商项目定点要遵循按程序运作和审批的原则（见表 11.2）。

表 11.2 项目采购审定书

<table>
<tr><td colspan="13">CW 公司项目采购审定书</td></tr>
<tr><td colspan="13">项目名称：</td></tr>
<tr><td colspan="13">预定点</td></tr>
<tr><td colspan="13">定点</td></tr>
<tr><td colspan="13">模具费用分摊于零件单价中是否</td></tr>
<tr><td colspan="13">工程更改费已包含于零件单价中是否</td></tr>
<tr><td>序号</td><td>单位</td><td>最终定价或临时价格</td><td>是否符合产品组战略</td><td>零件号</td><td>产品</td><td>目标价格</td><td>价格</td><td>综合评分</td><td>降价计划</td><td>推荐供应商</td><td>报价依据</td><td>备注</td></tr>
<tr><td></td><td></td><td></td><td></td><td></td><td></td><td></td><td></td><td></td><td></td><td></td><td></td><td></td></tr>
<tr><td></td><td></td><td></td><td></td><td></td><td></td><td></td><td></td><td></td><td></td><td></td><td></td><td></td></tr>
<tr><td colspan="13">项目组会签</td></tr>
<tr><td colspan="13">项目经理： 项目采购： 项目财务： 项目 SQE： 产品工程师：</td></tr>
<tr><td colspan="13">采购委员会决定：通过采购委员会评定□
未通过采购委员会评定□</td></tr>
<tr><td colspan="4">供应链管理部长：</td><td colspan="5">商务部长：</td><td colspan="4">工程技术部长：</td></tr>
<tr><td colspan="4">质量部长：</td><td colspan="9">财务部长：</td></tr>
<tr><td colspan="13">外方总经理和中方总经理批准：</td></tr>
</table>

与供应商之间的合同签订要遵循按程序运作和审批的原则（见表 11.3）。

表 11.3　合同审批表

<table>
<tr><td colspan="4">CW 公司合同审批表
编号：　　　版本：　　　第 1 页共 1 页</td></tr>
<tr><td>合同标的</td><td></td><td>合同编号</td><td></td></tr>
<tr><td>对方单位</td><td colspan="3"></td></tr>
<tr><td>经办部门</td><td></td><td>经办人</td><td></td></tr>
<tr><td>合同金额</td><td></td><td>签约时间</td><td></td></tr>
<tr><td>合同有无可能引起纠纷的事项</td><td></td><td>经办人年月日</td><td></td></tr>
<tr><td>项目组/申请部门意见</td><td></td><td>审核人年月日</td><td></td></tr>
<tr><td>质量部门意见</td><td></td><td>部门负责人年月日</td><td></td></tr>
<tr><td>技术部门意见</td><td></td><td>部门负责人年月日</td><td></td></tr>
<tr><td>SCM 部门意见</td><td></td><td>部门负责人年月日</td><td></td></tr>
<tr><td rowspan="2">财务部审核意见</td><td></td><td colspan="2">项目财务年月日</td></tr>
<tr><td></td><td colspan="2">财务部长年月日</td></tr>
<tr><td>公司中外方总经理批示</td><td colspan="3"></td></tr>
</table>

四、项目成本控制的两个 5%

项目成本控制的两个重要数据：①项目投产时要确保项目利润率××%以上［通常情况下内部投资回报率（IRR）为××%］；②税后销售利润率（PAT. ROS）为×%。

为达成上述利润目标，在项目成本控制过程中，注意控制两个 5%：①项目实施计划比项目预算低 5%；②项目采购比项目实施计划低 5%。

五、项目采购的方式

（一）新项目（新产品）布点采购

（1）分析采购——将采购的产品成本构成分析清楚，做到有的放矢，降低采购成本。如：CW公司某项目采购相关模具。首先对模具的成本构成进行全面细致的分析，然后对若干企业的产品和报价进行比质比价分析，通过有说服力的数据与相关企业进行采购分析，选用性价比好、竞争力强的产品，并占据主动地位，大幅降低了模具采购成本。

（2）议标采购——有效降低采购成本的主要途径。物资采购议标可以有效规范采购行为，使采购业务的全过程公平、公开、公正地展示出来，能利用投标者之间的竞争，以适合的价格采购到满足需求的物品，达到企业降低采购成本、提高经济效益的目的，是一种行之有效的采购管理方式。如：CW公司某项目需要采购一台大型设备，采取议标采购的方式，比预算节约了近20%的费用，收到很好的效果。

（3）多家多次比价采购。如：CW公司某项目对供应商定点采取多家多次比价采购的方式，比项目产品价格、比现生产降价、比模具价格和分摊，等等。

（二）现生产产品降价采购方法

（1）对独家供货的供应商引入B点竞争降价采购。如：CW公司对某供应商老产品采购降价，引进B点竞争的措施。

（2）给予新项目降价采购。如：某客户已给新项目，给某供应商定点的前提是要求供应商现生产产品降价。

（3）技术降成本采购。如：通过设计变更、材料变更（均以不降低质量标准为前提）实现现生产产品的降价采购。

（三）技术开发和技术转让的采购方法

（1）精打细算、拧干毛巾：合作伙伴国际支持价格普遍偏高。因此，我们要掌握国际技术开发各类人员的费用标准（国际通用标准）、设计内容、设计时间等，并与支持的伙伴进行细心和耐心的价格等谈判，以维护合资公司和各股东方的利益（如：CW公司某项目设计费的谈判成功范例）。

（2）层层剥笋、物有所值：对技术转让费和权益金，有的外方合作伙伴认为多多益善，有时还会“拿一把”。这就需要我们掌握好谈判的技巧：“硬时据理力争，软时体现诚意。”比如打拳：有时需要打太极，有时需要打通臂（快拳），一定要刚柔相济，柔中带刚，以柔为主（如：CW公司某项目技术转让费和权益金的谈判，就很好地维护了合资公司的利益，这也就维护了合资公司各股东方的利益）。

六、项目采购的目标价格确定

确定项目采购的目标价格非常重要，可以使公司做到“胸有成竹、胜券在握”。通过优化项目采购成本，提升本公司项目采购成本的竞争能力，并确保项目的成功。确定项目采购的目标价格的依据为以下六点：

（1）依据项目（零件、产品）物料清单及重量信息核定材料成本；

（2）依据工艺及设备信息核定人工、动力、制造费用、专用设备分摊、管理费用；

（3）依据公司或客户包装及运输要求，核算包装及运输等费用；

（4）依据“利益共享和利益共同体”的规则，考虑较为合理的供应商利润比例；

（5）依据零件类别分析对比同类产品其他供应商成本结构比例，并结合本公司获得项目的IRR和PAT. ROS的状况，做出适当调整；

（6）确定项目采购的目标价格的依据，详见表11.4。

表 11.4　供应商成本构成比率分析表

供应商名称	项目名称	零件类别	材料和外协件	人工成本	动力燃料	制造成本	工装分摊	管理费用	包装	运费	利润	合计

第十二章　做好项目的体验

一、做好项目的目的

做好项目管理的目的，就是确保实现“三个满意”：客户满意；公司满意；项目组满意。

（1）客户满意：为客户开发的项目实现三个百分之百，即质量、数量和交付时间三个百分之百。通过与事先设定好的目标做好对照，让客户清楚地看到在这关键的三个方面是满足其要求的。

（2）公司满意：实现项目效益最大化，并能够促进公司持续不断地发展。项目在进行的过程中延伸了企业的盈利能力，为企业提供了良好的收益，锻炼了项目团队，培养了一批人才。

（3）项目组满意：创造价值（为客户、公司和项目组成员个人创造价值）、提高生活品质（项目的成功将为项目组成员带来提职、提薪的机遇）。项目组在项目的完成过程中创造了价值，获得了收益：一是提高了公司收益水平；二是让项目团队成员有创造价值的自豪感；三是积累了经验，增长了才干，获得了嘉奖或职位升迁的各种认可。

二、做好项目的要求

（1）要有正确的指导思想。“公司利益至上”和对公司负责是做好项目的指导思想和基本原则。项目经理和项目组每一个成员都必须坚持“公司利益至上”的指导思想，要牢记对自身所在的合资公司负责就是对股东和母公司负责的原则（尤其是在合资公司工作的人员必须做到这一点，应避免单边行动和单边利益的现象。在这一点上我们认为应该得到母公司和股东的理解和支持的——如CW公司的合资经验和体会……）。正确的行动来源于正确的指导思想。没有绝对好的项目，但必须要有正确的指导思想才能做好项目。

（2）树立“一把手”的项目观念和原则。项目是企业的重中之重的工作，也是企业“一把手”的重中之重的工作，“一把手”即（中外方）总经理必须对做好项目负责（比如：选配好的项目经理、组建优秀的项目团队、定期组织项目评审、支持项目组工作等）。

（3）强调项目的重要性和项目经理的权威性。大家知道“企业没有项目就难以生存和发展”。因此，项目的重要性必须深入到每一名员工的心中，“项目就是我的工作，做好项目工作就是做好我自己的工作”。同时，企业要做好项目还必须树立项目经理的权威性，企业要赋予项目经理乐队指挥和航船舵手的职权：项目经理是项目的负责人，对做好项目起至关重要的作用。项目经理对做好项目负责（质量、进度、成本、利润），因此项目经理的综合素质也是非常重要的（组织领导能力、策划能力、沟通能力、业务能力、亲和能力等）。

（4）团队的凝聚力创造强大的合力。团队的凝聚力创造强大的合力，优势互补、相互支持、相互尊重、相互信任、“众人拾柴火焰高”，这就好比一支足球队的传切配合恰到好处，或一支乐队演奏的乐曲旋律的和谐美妙。

（5）获得职能部门的支持。职能部门（包括工厂）的全力参与和在项目中的表现，也是做好项目的基础和必要的条件，做好项目不仅是项目组的任务，也是各部门（包括工厂）的重要任务。只有各职能部门（包括工厂）的全力支持，项目组才能实现项目的各项指标（质量、进度、成本、利润）。

（6）增强项目组的责任感。项目经理和项目组必须要有强烈的责任感和敬业精神，这是做好项目的精神动力和源泉。在项目开发的全过程中，对项目经理和项目组成员来讲，是很少有年节假日和休息日的（如：CW公司的××项目组，在某年的春节等假日都没有休息，项目组克服了众多困难取得了成功，为公司获得后续的新项目奠定了一个非常好的基础）。这就需要项目组每一位成员具有强烈的责任感和敬业精神，这种责任感和敬业精神体现在做项目的专注和执着上，即为做好项目可以废寝忘食、倾尽全力。只有项目组的每一位成员将项目的各项任务都能负责地按质量和进度要求完成，并且同时控制好成本，才能确保项目总的进度、质量和成本。

（7）学会借力。项目经理和项目组要学会“借力”：项目在需要帮助时，项目经理和项目组要注意借力，拉动工厂和各部门，甚至公司高层，及时形成互动和支持。如：组织召开专题会议来解决问题（切忌：闷着不说不做或扯来扯去）。

（8）兼顾项目管理的规范化和人性化。项目需要规范化和人性化的管理。①项目管理的规范化：按规定、按制度、按程序、按流程办，来约束公司领导、项目组、部门和员工的行为，杜绝随意和不规范的行为。②项目管理的人性化、以人为本。上下级和同级应和睦相处、相互尊重、积极协商、主动沟通。在公司内部（如项目组与各部门之间，项目组与公司高层之间），要多一些沟通，少一些指令；多一些和谐，少一些内耗。要做到刚柔相济，以柔为主，构建和谐的项目团队。③把规范化和人性化结合起来，建立项目团队成员的管理和发展体系：项目团队成员前程自我设计和发展计划与公司的发展和培养计划相结合，即把公司需要和项目组成员的选择结合起来，不拘一格选贤任能，使人才在公司的大舞台上实现公平竞争、人有所值、人尽其才。

（9）获得好的收益。获得好的收益是做好项目的核心，争取和开发技术含量高的项目，以期获得收益的增长；以量和销售收入的大幅增长，以期获得项目收益的增长；在客户提出项目设计变更的要求时，抓住机遇获得项目收益的增长。

三、项目管理应注意的问题

（一）“三个原则”在运作中需要注意的问题

（1）项目时间节点控制问题。厂房建设进度；设备订货、到位进度；模具设计和制造进度；产品开发和 SOP 的进度等方面必须按照时间节点的要求完成。因此，在项目进展的过程中，要采取对项目预测预控和时间节点进度审核的把关措施，以解决好时间节点控制问题。

（2）项目问题清单落实问题。有的项目组不能及时地发现问题，或发现问题后不能及时采取措施解决。因此，项目经理要对存在的问题和负责解决问题的责任人，及解决的措施和时间等都要按照问题清单的要求逐项落实。问题清单不仅可以描述开发过程和产品的各种已发生问题，还可以将一些细节上的任务增加进去，进行监控。清单中有“提出问题时间”、“计划完成时间”、“实际完成时间”、“完成状态”，便于项目经理跟踪每一事件的状态。项目组不但要提出问题清单，还要提出问题清单所列出的问题的解决办法，并且要负责关闭问题清单中的所有问题。

（3）项目依照程序运作问题。有的项目组在做项目时存在以下情况：项目组成员不稳定、流动大或培训不到位、缺乏责任心、不按照程序办、缺乏计划性、先慢后快抢时间或个别情况下存在的“先斩后奏”等。因此，公司要确保项目依照程序运作，必须首先选择好项目经理和项目组人员，并进行培训和明确任务，给予相应的待遇，以提高项目组人员的素质和确保项目组人员的稳定，全面完成项目开发任务。

以上三点最重要的是：“三个评审”和“六个关控”是解决项目问题和做好项目的关键。因此，必须按照时间节点的要求完成，拖延或不按要求完成都是难以做好项目的。

（二）“四个意识”在运作中应注意的问题

（1）商务意识问题：对潜在的新项目跟踪意识不强、对正在开发项目的设计变更不敏感、对客户的要求反应迟钝或没反应。为此，项目组必须对客户的要求做到有问必答，并进行内部沟通和对客户的快速反应，增强客户的信任和满意度。对项目商务和设计变更要具有抓住机遇的敏感性。

（2）沟通意识问题：沟通是项目管理四项意识中非常重要的一项，如果项目组成员内外沟通不好，是很难做好项目的。有的项目做得不好，很重要的一点就是内外沟通存在障碍。因此，做好与客户沟通、供应商沟通和内部各部门的沟通应该成为项目组每一个成员的最基本能力。

（3）服务意识问题：有的项目组对客户的服务意识比较淡薄，使客户不满意。另外，有的公司有关部门认为，项目的工作是项目组的事，与自己部门关系不大，“事不关己，高高挂起”。做好项目的要求是：对客户提出的要求不论是否合理或正确都要做到有问必答，对合理和正确的要求要认真做好，要树立为客户全心全意服务的意识，让客户感到可信和满意。公司内部各个部门不能各自为政，如果哪个部门不支持项目组的工作，不把项目组的工作看成是本部门的工作，那么这个部门就没有设置的必要了。因此，必须树立对外“客户至上”、对内“项目至上”的理念和意识。在公司内形成人人都为项目尽责尽力的良好氛围，只有这样才能做好项目。

（4）汇报意识问题：做项目最忌“报喜不报忧”，而要做好项目必须是“报忧不报喜”。要定期或不定期召开项目评审会议和项目专题讨论会来汇报问题和解决问题。要杜绝不及时汇报，不按程序汇报等问题的出现。要杜绝问题成堆、积重难返，才想起向高层汇报，请求帮助解决问题。

（三）关控问题

（1）关控关闭不了的问题：项目组不能主动控制项目开发过程的时间节点，等到了“关控”的时间节点时，才提出问题，错过了问题关闭的时间节点。如：对问题清单不能按时间节点要求完成，有的项目投产后还有遗留问题没有关闭，存在“补课”现象。因此，要解决项目“补课”现象的关键是：必须按照“六个关控”中每一个关控所要求的时间节点把问题关闭。不能把问题留到下一个关控去解决。

（2）控制不好问题：有的项目投产 3 个月后还不能够按照规定的时间节点正常移交，存在项目组与工厂扯皮现象，问题是：①项目组为控制成本，选择的设备、模具、工装等的性能和质量存在一定的问题；②工厂则希望项目组把所有问题都解决好了再接收。解决方法是公司分清责任，明确任务（对问题是项目组解决完成后移交，还是项目组带问题移交工厂由工厂完成整改，这需要公司做出裁决），以确保按照客户时间节点要求组织新产品投入生产。

（四）成本、利润问题

有的项目组存在重质量、进度，轻成本、利润的问题。有的项目组不愿承担风险，片面认为只要客户满意就行。因此，只注重项目质量和进度，从而忽略了成本、利润的重要性，忘记了企业的目的“是追求效益的最大化”，这也是衡量项目成功与否的关键所在。我们必须千方百计应对客户的采购低成本战略，并抓住设计变更和客户提出其他新要求的机会，来实现项目效益的最大化。同时，还必须想方设法通过技术和商务降成本，把采购的材料和协配件的价格降下去，为公司获得更大的利润空间。

（五）六个切忌

切忌一：在去拿项目时切忌用领导的名义或请领导出面压客户，有时会适得其反。

切忌二：在做项目时或日常工作中，切忌对客户邮件、信函、纪要等需要回复的，而不回复或借口忙不及时回复。

切忌三：不按项目合同中的承诺条款去做，这样会失信于客户。对确实做不到的事就不要承诺，在签合同前与客户讲清楚。

切忌四：我们在做项目进行 VA/VE 和遇到设计变更时，切忌与客户“公事公办”。要“晓之以理、动之以情，以理服人、以情动人”，要做到设计室、办公桌与球场和茶桌相结合，积极主动与客户进行沟通以期获得客户的认可。

切忌五：在与客户谈项目技术、商务、进度和签级等事项时，要注意选择合适的人员（对象）、合适的场合和时间、时机。否则，效果是事与愿违并不理想的。

切忌六：我们在做项目的全过程中，与客户要保持经常联系和沟通，切忌“需要时急来抱佛脚，平常不理不睬，视同路人”。

参考文献

[1] 纪建悦，许罕多．现代项目成本管理．北京：机械工业出版社，2008.

[2] 宋伟．项目管理概论．北京：机械工业出版社，2007.

[3] [美] 哈罗德·科兹纳著．项目管理最佳实践方法．杨慧敏，徐龙译．北京：电子工业出版社，2007.

[4] 刘荔娟．现代项目管理．上海：上海财经大学出版社，2007.

[5] 丁荣贵．项目管理——项目思维与管理关键．北京：机械工业出版社，2004.

[6] 杰克·吉多，詹姆斯·P. 克莱门斯著．成功的项目管理．张金成译．北京：机械工业出版社，2006.

[7] 马旭晨编著．王玉民，王守清主审．现代项目管理评估．北京：机械工业出版社，2008.

[8] 张少杰，李北伟．项目评估．北京：高等教育出版社，2006.

[9] 唐少清．项目评估与管理．北京：北京交通大学出版社，2006.

[10] 邱菀华，杨敏．项目价值管理理论与实务．北京：机械工业出版社，2007.

[11] 胡文发．项目采购管理．上海：同济大学出版社，2007.

[12] 邱菀华，沈建明，杨爱华等．现代项目管理导论．北京：机械工业出版社，2002.

[13] 白思俊等编著．现代项目管理概论．北京：电子工业出版社，2006.

[14] 池仁勇主编．项目管理．北京：清华大学出版社，2004.

[15] 成虎．工程项目管理．北京：高等教育出版社，2004.

[16] [美] Harold Kerzner 著．项目管理——计划、进度和控制的系统方

法（第 7 版）. 杨爱华，杨磊等译. 北京：电子工业出版社，2005.

[17] 毕星，翟丽. 项目管理. 上海：复旦大学出版社，2000.

[18] 戚安邦. 项目管理学. 北京：科学出版社，2007.

[19] 王长峰，林则夫，马蒙蒙等著. 蔡晨主审. 现代项目管理前沿. 北京：机械工业出版社，2008.

[20] 中国汽车技术研究中心. 产品质量先期策划 2000.

后　记

这本书的成稿，集中了我们多年来对项目管理的理论与实践的感悟，尤其是对于制造业项目管理的实践部分，积累了我们在项目管理上实践经验的精华。对项目管理“三个原则”和“四个意识”的总结，是团队做好项目管理的指南针，也是项目达到质量、进度、成本和利润等要求的必要条件。磨刀不误砍柴工，好的工具可以大大提高效率，我们在本书中提供了很多的图表工具，以期给读者们提供参考。项目的前期商务，是获得项目的技巧和智慧的结晶。项目是企业生存的条件，获取项目总是要面临激烈的竞争。成功地赢得项目，需要迎接挑战，敢于“亮剑”的精神和勇气，更需要前期商务的精心组织和实施。挑战对手，要知己知彼，更重要的是挑战自己和超越自己。在这个前提下，我们集中团队智慧提出了相应的指导思想和策略。制造业项目利润的来源很大程度上靠成功的采购成本控制，如何控制好采购成本，我们有自己的一套方法，实践证明，我们是成功的。希望把这些成功的经验和读者分享，如果能够对读者有所帮助，我们将深感荣幸。成功是件美好的事情，并不仅仅在于结果，体验达到成功的过程，也很不错。我们认为做好项目应该不仅仅是赢得利润，更重要的是达到“三方满意”。为了实现“三方满意”，我们提出了自己的理念和措施，并不断实践和总结。

在本书成稿之际，我们还要感谢很多人。这里面有我们的同事、团队的成员，正是有他们的不断实践，充满智慧地解决各种问题和应对各种困难给了我们许多思维的启迪。感谢公司提供的各种工具表单和实践的范例。感谢我们的客户，没有他们，就没有我们的项目，就没有我们做项目的经历与成功的喜悦。感谢在成书过程中给予我们大力支持和帮助的武汉科技大学管理学院潘开灵院长和童泽平老师，以及东风伟世通任晓静女士等，他们给出了许多意见和建议，并提供了所需的资料。最后感谢家人，他们一直以来的支持，让我们只有以不断前行来报答他们。

由于时间较为仓促及作者水平所限，本书疏忽之处在所难免，恳请专家和读者批评赐教。

作 者